THÈSE

POUR

LE DOCTORAT.

par

Philouze (Léon Félix)

Rennes. 1857.

THÈSE

POUR

LE DOCTORAT.

A la mémoire de mon Père et de ma Mère.

A ma Sœur et à mes Frères.

UNIVERSITÉ DE FRANCE. — ACADÉMIE DE RENNES.

Faculté de Droit.

THÈSE POUR LE DOCTORAT.

De la Cession des Créances.

Cette thèse sera soutenue le jeudi 5 février 1857, à 2 heures du soir,

PAR

M. LÉON-FÉLIX PHILOUZE, avocat,

Né à Rennes, le 8 décembre 1833.

Examinateurs :

MM. RICHELOT, *doyen;* LEPOITVIN, GOUGEON, DE CAQUERAY, BODIN, *professeurs.*

RENNES,

IMPRIMERIE DE CH. CATEL ET Cie,
rue du Champ-Jacquet.

1857.

DE LA CESSION DES CRÉANCES.

PREMIÈRE PARTIE.

De la cession des créances en Droit Romain.

CHAPITRE PREMIER.

NATURE, ORIGINE ET DIVERS MODES DE LA CESSION DES CRÉANCES EN DROIT ROMAIN.

Comme tous les droits qui sont dans notre patrimoine, les créances peuvent être cédées; mais cette cession d'un droit personnel emprunte à la nature de l'obligation un caractère qui la distingue de la cession des droits réels.

Le droit réel nous présente une relation juridique entre une personne et une chose. Le lien attaché à un être incapable d'avoir ou de devoir des droits sera transporté au gré de la personne qui tient l'autre extrémité du *vinculum juris*. Par la mancipation, par la *cessio in jure* (1) ou par la tradition, le propriétaire d'une chose transfère son droit, l'acquéreur devient propriétaire, l'aliénateur cesse de l'être.

Dans la créance, le lien de droit unit deux personnes; l'idée d'obligation, que le droit réel ne fait pas naître, nous apparaît. Il ne s'agit plus d'une relation entre la personne intelligente et libre et la chose qui est son bien; nous voyons en présence deux personnes, deux volontés, deux puissances naturellement indépendantes l'une de l'autre. Un fait, que les jurisconsultes nomment *contrat* ou *délit*, a établi une dépendance où la liberté existait. Il y a un créancier et un débiteur.

Que la chose change de maître, que cette pleine puissance de l'homme sur une parcelle de matière soit exercée par une main ou par une autre, qu'importe? Mais que cette condition, née de la liberté humaine qui s'est liée elle-même, soit modifiée, c'est un changement bien grave. Primus a consenti à devenir le débiteur de Secundus, il n'a pas consenti à l'être

(1) In jure cedi res etiam incorporales possunt, velut ususfructus, et tutela legitima, et libertas. (Ulp., reg. 19, 11.)

La tradition ni la mancipation ne pouvaient s'appliquer aux choses incorporelles (à l'exception des servitudes rurales). On pouvait céder ces choses *in jure*. Mais il est à remarquer que les droits personnels, les droits de créance ne pouvaient être cédés *in jure* (G. II, 38). En effet, la *cessio in jure* est dérivée de l'*actio sacramenti*, dont elle emprunte la formule relative à la *vindicatio* d'une chose ou d'un droit réel. (G. II, 24 et S.)

de Tertius. Il a lié sa liberté envers l'un et non envers l'autre.

A ne considérer que le lien rigoureux de l'obligation, le changement de créancier sans le consentement du débiteur est donc impossible. Pour que l'obligation existe entre Primus et Tertius, il faudra que le premier lien soit brisé, et que les volontés de l'ancien débiteur et du nouveau créancier concourent à la formation d'une relation nouvelle.

La cession du droit personnel, nous le voyons, n'est pas directement possible. Primus, vendeur, veut céder à Tertius sa créance du prix contre Secundus, acheteur. Il ne peut pas faire que le cessionnaire devienne le vendeur, et que lui-même cesse de l'être. Cette subtilité du droit plaçait hors du commerce toutes les créances, dont chaque progrès de la société multipliait le nombre et l'importance.

Les jurisconsultes cherchèrent à éluder cette difficulté au moyen de procédés indirects. Ils parvinrent à transporter le bénéfice du droit de créance et non le droit lui-même. Le premier de ces procédés, nous l'avons déjà indiqué, c'est la novation. Elle nécessite l'intervention et le consentement du débiteur.

Tel fut le premier état du droit. *Opus est ut, jubente me, tu ab eo stipuleris : quæ res efficit ut a me liberetur et incipiat tibi teneri, quæ dicitur novatio obligationis* (G. C. II, 38). Sous le système des *legis actiones*, la représentation en justice n'était point admise, *nemo alieno nomine lege agere potest* (L. 123; D., l. L, t. 17). Chacun devait en personne et pour son compte figurer dans cette procédure primitive et formaliste, et prononcer les paroles consacrées. On ne pouvait commercer sur un droit de créance qu'au moyen de la novation.

Le sort de la cession est donc soumis au caprice du débiteur. Cette situation devint de jour en jour plus onéreuse pour le créancier et plus préjudiciable à la société. La procédure formulaire permit aux parties de se faire représenter en justice. *Nunc admonendi sumus, agere posse quemlibet aut suo nomine aut alieno; veluti cognitorio, procuratorio, tutorio, curatorio* (G. C., IV, 82).

On imagina dès lors un second moyen de transmettre le bénéfice d'une créance. Le cédant donnait mandat au cessionnaire de poursuivre le débiteur. L'*intentio* de la formule était conçue au nom du mandant, on examinait si le défendeur était son débiteur. La *condemnatio* était au nom du *procurator*. *Qui autem alieno nomine agit, intentionem quidem ex persona domini sumit, condemnationem autem in suam personam convertit* (G. C IV, 86).

Le *procurator* devient par la *litis contestatio dominus litis* (L. 4, § 5, D. XLIX, 1), et il acquiert seul *l'actio judicati*.

Désormais le créancier peut se passer de l'intervention de son débiteur, il transmettra au cessionnaire le bénéfice de la créance sans avoir besoin de recourir à la novation. Il ne rompra pas le premier lien, il restera toujours créancier. C'est en son nom, à sa place, et rigoureusement dans la limite de son droit, que le cessionnaire, qui n'est que son mandataire, exercera les poursuites contre le débiteur. Secundus est toujours le débiteur de Primus, envers lequel il s'est lié. La convention du cédant et du cessionnaire est pour lui un fait étranger, *res inter alios acta*, qui ne peut ni lui nuire, ni lui servir.

Le mandat *in rem suam*, considéré comme moyen de transporter le bénéfice d'une créance, offre deux avantages sur la novation : 1° l'intervention du cédé n'est plus nécessaire; 2° la première créance subsiste, le cessionnaire fera valoir le droit du cédant avec les priviléges, hypothèques et fidéjusseurs qui le garantissent.

Cependant, il ne faudrait pas toujours préférer le mandat à la novation; ces deux procédés ont chacun leurs avantages particuliers et leurs inconvénients. Il faut consulter les circonstances avant de choisir l'un ou l'autre.

La position du cessionnaire mandataire est bien différente avant et après la *litis contestatio*.

Avant la *litis contestatio*, la position du cessionnaire est très-mauvaise dans ses rapports avec le cédant. Tout mandant peut révoquer le mandat qu'il a donné. Le cessionnaire aura seulement son recours *exempto* contre le vendeur, pour obtenir des dommages-intérêts. Quant à l'action de la créance cédée, il ne peut plus l'intenter après la révocation du mandat, et cette révocation résulte non-seulement de la volonté du mandant, mais encore de sa mort et de celle du mandataire.

Dans la cession opérée par novation, ces inconvénients ne se présentent point; le cessionnaire a une action indépendante, transmissible à ses héritiers, qui résulte de sa stipulation.

Le cessionnaire étant un simple mandataire à l'égard du cédé, celui-ci peut effectuer un paiement valable entre les mains du cédant, qui de son côté peut consentir la remise de la dette. Dans la novation, au contraire, le cédé est le débiteur propre du cessionnaire.

Entre un premier et un second cessionnaire, l'un et l'autre mandataires, la préférence doit être accordée au second ; le dernier mandat révoque le mandat antérieur. La novation qui a éteint l'action du cédant en créant l'action nouvelle du cessionnaire rend impossible le concours entre un premier et un second cessionnaire.

Les créanciers du cédant pourront venir demander compte au cessionnaire de son mandat. S'il y a eu novation, la nouvelle créance appartient au cessionnaire; il est à l'abri de toute poursuite des créanciers du cédant.

Après la *litis contestatio,* la position du cessionnaire mandataire est complètement changée ; une relation nouvelle, indépendante, s'est établie entre le cessionnaire et le cédé. C'est un quasi-contrat judiciaire d'où naît un lien, une action.

Le nom du mandant mentionné dans *l'intentio* de la formule est remplacé dans la *condemnatio* par le nom du mandataire (G. IV, 86). C'est à lui que le débiteur doit payer. Il n'a plus à craindre la mort du mandant, la révocation du mandat ; un deuxième cessionnaire ne pourra pas faire la *litis contestatio* avec le cédé ; celui-ci repousserait son action par une exception, ou il se verrait exposé à payer deux fois (1).

Les principes que nous venons d'exposer sur les effets de la cession opérée par un mandat sont incontestables à l'époque des jurisconsultes classiques ; mais sous le Bas-Empire, les Constitutions impériales vinrent améliorer la position du cessionnaire au nom de l'équité, et fondèrent ce droit nouveau que nous retrouverons dans les art. 1689 et suivants du Code Napoléon.

Nous avons vu que le cessionnaire mandataire avant la *litis contestatio* était un étranger pour le cédé, qui pouvait effectuer valablement le paiement entre les mains du cédant ou d'un deuxième cessionnaire. On imagina un moyen ingénieux de lier le débiteur au cessionnaire : c'est la *denuntiatio*; la notification de la cession (le débiteur était ainsi rendu *certior* sans doute, par un acte d'huissier, ou par une déclaration verbale devant témoins). Si le débiteur auquel la cession a été notifiée paie cependant au créancier cédant, les Constitutions accordent au cessionnaire une action utile contre le cédé (L. 4, C. lib. VIII, t. 17.)

Cette action utile a le même résultat qu'une action directe ; il n'existe entre elles qu'une différence de rédaction

(1) Le cédé n'aurait pas besoin de recourir à une exception si la novation judiciaire résultant de la *litis contestatio* avait éteint la créance *ipso jure*. Cette extinction *ipso jure* par la novation judiciaire se produisait à trois conditions. Il fallait : 1° que le *judicium* fût *légitimum;* 2° que l'action fût *in jus;* 3° qu'elle fût *in personam*. (G. III, § 180-181; IV, § 103 et suiv.)

dans la formule, destinée à sauver les apparences juridiques. Quoiqu'on ne trouve pas de textes relatifs à la position du cessionnaire qui a notifié vis-à-vis d'un deuxième cessionnaire postérieur à la *denuntiatio*, il est certain, d'après les principes des Constitutions, que le premier cessionnaire était préféré au second. Le débiteur *certior*, qui ne pouvait plus se libérer par un paiement fait au cédant, ne devait évidemment pas atteindre le même résultat en payant à un mandataire de celui-ci. On a contesté qu'il y ait eu amélioration dans les relations du cessionnaire mandataire et des créanciers du cédant. Cette opinion ne peut se fonder sur aucun texte. Il est très-probable que le cessionnaire, par la notification faite au cédé, se mettait à l'abri de la poursuite des créanciers.

Il fallait encore protéger le cessionnaire contre l'extinction du mandat, par la mort du mandant ou du mandataire. Aussi les Constitutions accordent-elles des actions utiles pour suppléer aux actions directes éteintes avec le mandat. Les héritiers du mandataire agiront comme si le mandat n'était pas éteint. Ce privilége n'était d'abord admis que pour les cessions à titre onéreux; Justinien l'étendit aux cessions *donationis causâ* (L. 33, C. VIII, t. 54). — L. 1 et 2, C. lib. IV, t. 10. — L. 7, C. IV, t. 39).

Les Constitutions ayant créé ces actions utiles, leur application fut bientôt généralisée. Non-seulement on les accorda lorsqu'il y avait eu mandat révoqué ou éteint, mais encore on n'exigea plus qu'un mandat eût été donné. Il suffit qu'il eût dû l'être, que le créancier fût obligé à la cession en vertu d'un titre, vente, donation ou legs (L. 5, C. IV., t. 15. — L. 18, C. VI, t. 37).

On étendit encore l'application de ces actions utiles ; elles furent accordées lorsque le créancier était tenu de faire la cession par la force de la loi, dans le cas du *beneficium cedundarum actionum*.

Il est important de remarquer que le cessionnaire investi de l'action utile n'est pas considéré comme créancier, comme successeur à titre particulier. L'action utile est fondée sur une fiction qui suppose la cession effectuée par un mandat ; à l'égard du cédé, le cessionnaire n'est qu'un *procurator*.

Sous la législation de Justinien, dans tous les cas où la cession eût dû être faite, le mandat est présumé donné. Il n'est plus nécessaire qu'il l'ait été effectivement. Le cessionnaire a toujours l'action utile.

CHAPITRE II

DES CAUSES DE LA CESSION, ET QUELLES CRÉANCES ON PEUT CÉDER.

Nous connaissons la nature de la cession des créances, et les divers procédés imaginés pour faire passer du cédant au cessionnaire les avantages de la créance cédée. Avant d'étudier en détail les effets de la cession, nous devons résoudre deux questions : 1° Quelles sont les causes de la cession? Par suite de quelles circonstances, de quels faits deux personnes peuvent-elles être amenées à jouer ces rôles de cédant et de cessionnaire? 2° Toutes les créances sont-elles susceptibles d'être cédées? Quelles sont celles qui font exception?

§ 1. — *Causes de la cession.*

La cession est volontaire ou nécessaire.

La cession volontaire a lieu dans tous les cas où un créancier n'est obligé à effectuer la cession de sa créance qu'en vertu de la promesse qu'il en a faite à titre gratuit ou à tire onéreux.

La cession nécessaire, au contraire, ne se fonde pas sur une promesse du cédant. La nécessité pour un créancier de faire une cession qu'il n'a pas promise se présente dans des circonstances assez nombreuses, assez variées, qui ne peuvent être indiquées dans une formule générale. Nous énumérerons les plus importantes.

La cession est nécessaire pour l'héritier dans le cas du legs d'une créance. L'héritier n'est pas obligé à effectuer cette cession en vertu de sa promesse, l'obligation de céder est née pour lui du legs, de la loi du testateur.

Le mandataire romain ne représente pas le mandant, il est seulement tenu de rendre compte et de restituer ce qu'il a acquis en vertu du mandat. Je vous ai donné mandat de m'acheter un fonds, vous l'avez fait; c'est vous, mandataire, qui avez acquis les actions, c'est vous qui êtes l'acheteur. Mais j'intenterai l'action *mandati directa* pour vous contraindre à me céder ces actions, *ego tecum agere possum, ut præstes mihi adversus venditorem empti actiones* (L. 45, D. XVII, t. 1, l. 43). La nécessité de cette cession est la conséquence des principes du mandat.

L'équité fait admettre la nécessité de la cession dans des cas où une personne a un intérêt légitime à la demander, quand d'ailleurs celui auquel l'action appartient n'a pas d'interêt à refuser de la céder.

Un créancier gagiste vend la chose donnée en gage; il ne garantit que son droit de vendre en qualité de gagiste. Si la chose n'appartient pas à son débiteur, *habet contrariam pigneratitiam actionem adversus debitorem* (L. 38, D. XXI, t. 2). Le créancier gagiste vendeur devra céder cette action à l'acheteur évincé, *æquum enim videbitur quod sine dispendio creditoris futurum est.* (L. 38).

L'aubergiste et l'armateur sont responsables des vols et des dommages dont les choses qui leur sont confiées peuvent être l'objet; ils sont obligés *quasi ex delicto,* et tenus d'une action *in factum,* qui entraine une condamnation au double. Le propriétaire de la chose a en outre la *condictio furtiva,* ou l'*actio legis aquiliæ* contre l'auteur du *furtum* ou du *damnum.* Il doit faire cession de ces actions à l'aubergiste contre lequel il exerce son recours, *præstare ei debemus actiones nostras* (L. 6, § 4, D. IV, t. 9). Si le propriétaire avait été dépouillé par le dol de la personne responsable, il ne serait point tenu de lui faire cette cession.

C'est encore au nom de l'équité que le bénéfice de cession a été admis au profit de la personne obligée pour la dette d'autrui, et du possesseur d'une chose hypothéquée poursuivi par l'action hypothécaire (L. 12, § 1, D., lib. XX, t. 6). S'il s'agit d'une dette coréale, les débiteurs peuvent invoquer le bénéfice de cession d'après la loi 65 (D., lib. XXI, t. 2). Les débiteurs *in solidum* ont aussi droit, sans aucun doute, à ce bénéfice (L. 47, D., lib. XIX, t. 2). L'introduction du *beneficium cedundarum actionum* n'a pas de date précise. Il est vraisemblable qu'il a pris sa source dans la jurisprudence; il a été transporté dans notre Droit Français sous le nom de *subrogation*.

Remarquons que cette cession d'actions est une opération

à double face (L. 36, D., lib. XLVI, t. 1). C'est un paiement dans les relations du créancier et de l'*intercessor;* c'est une vente dans les relations de l'*intercessor* et du débiteur principal. Il y a ici une fiction qui consiste à regarder comme vivantes des actions que le paiement a éteintes, mais cette fiction ne produira son effet en faveur du fidéjusseur qui paie que sous la condition de requérir la cession avant d'effectuer le paiement. Le paiement antérieur à cette réquisition éteindrait absolument la créance, et toute action du créancier contre le débiteur.

Nous constatons ici une importante différence entre les situations de deux *intercessores :* le *mandator pecuniæ credendæ* et le *fidejussor*. Celui-ci, en payant, éteint sa dette et celle du débiteur principal, d'où la nécessité pour lui d'exiger une cession d'actions antérieure au paiement; le mandant, qui paie, éteint sa dette comme mandant; la dette du débiteur principal subsiste (1).

A l'égard du fidéjusseur, le créancier n'est tenu de céder ses actions qu'en vertu du *beneficium legis*. Il suffit qu'il les cède telles qu'elles existent entre ses mains au moment du paiement. Le mandataire est obligé *e contractu* à faire la cession au *mandator pecuniæ credendæ ;* sa responsabilité s'étendrait à toute faute antérieure, dont l'effet aurait été d'amoindrir ses actions (L. 95, § 11, D. XLVI, 3).

(1) Le débiteur principal n'est pas libéré *ipso jure* par le paiement du *mandator;* mais il a le secours d'une exception pour repousser l'action du créancier qui a été payé (L. 28, D., lib XVII, t. 1).

Il est quelquefois permis à un débiteur de se libérer par une cession d'actions. Ainsi, la personne qui, par le fait d'un tiers, ne peut plus faire l'abandon *noxal*, se libérera en cédant son action contre ce tiers.

Le vendeur, qui ne répond pas des cas fortuits, devra céder à l'acheteur les actions qu'il a contre les auteurs du vol ou du *damnum*. *Si sine culpa desiit detinere venditor actiones suas præstare debebit non rem* (L. 21, D. XVIII, 4).

La cession nécessaire doit comprendre tout le bénéfice de la créance, les accessoires et les garanties qui s'y rattachent, dont le cédant aurait joui : la cession de l'action principale entraîne celle de l'action *adjectitiæ qualitatis : qui filii-familiâs nomina vendidit, actiones quoque quas cum patre habet præstare debet* (L. 14, D. XVIII, 4).

Nous avons vu que la cession peut s'opérer : 1° par la volonté des parties, au moyen du mandat donné par le cédant au cessionnaire; 2° par la force de la loi, lorsque la personne qui a droit à la cession d'une action est autorisée par la loi à intenter cette action, comme si elle avait reçu mandat à cet effet; 3° elle peut aussi avoir lieu par le ministère du juge, lorsqu'il autorise le créancier à exercer l'action du débiteur condamné (L. 15, § 8, D. XLII, 1).

§ 2. — *Toutes les créances sont-elles susceptibles d'être cédées?*

Toutes les créances peuvent être cédées, c'est la règle générale, qu'elles soient civiles ou naturelles, incertaines, conditionnelles ou futures (L. 3, C. VIII, 54).

Les obligations indéterminées, de genre ou alternatives, admettent aussi la cession. En effet, le cédant ne transfère au cessionnaire que l'exercice de son droit, afin qu'il en retire l'avantage qu'il eût pu en tirer lui-même. Les différents caractères des créances que nous avons énumérées ne font point obstacle à ce qu'elles soient cédées.

Cependant, si le choix appartient au créancier de l'obligation alternative, ce choix passera-t-il au cessionnaire? N'y a-t-il pas ici quelque chose de personnel dans l'exercice même du droit, qui répugne à l'idée de cession? La question a été controversée. Mais il faut décider que le choix passe au cessionnaire; le texte de la loi 75, § 3, D. XXX, ne laisse aucun doute à cet égard.

Les créances nées *ex delicto* sont cessibles.

On peut appliquer aux droits réels le procédé du mandat pour en effectuer la cession. Primus, propriétaire d'un fonds possédé par Tertius, donne mandat à Secundus d'exercer son action en revendication. Le possesseur se défendra comme il l'eût fait contre le mandant, et Secundus *procurator* retirera tout l'émolument de l'action. Quoique le mandat n'ait pas été donné, s'il a dû l'être en vertu d'un titre, l'action utile est accordée au cessionnaire du droit réel (L. 9, C. IV, 39). Il est évident que cette cession ne rend point le cessionnaire propriétaire, c'est en qualité de mandataire qu'il revendique.

Le cessionnaire d'une créance garantie par un droit d'hypothèque acquiert le droit d'exercer l'action hypothécaire du cédant. C'est toujours comme mandataire qu'il agit, soit par l'action directe de mandat, soit par l'action utile.

Le droit qui naît d'un privilége personnel, comme le droit du mineur à la *restitutio in integrum*, n'est pas toujours incessible. La loi 24, D. IV, 4, suppose qu'un mineur intervient sans mandat dans les affaires d'un tiers. Il refuse ensuite de demander la *restitutio in integrum* contre les personnes avec lesquelles il a contracté. Le tiers intentera l'action *negotiorum gestorum* contre le mineur pour qu'il lui cède *auxilium in integrum restitutionis*. Il ne serait pas juste que le maître souffrît de la mauvaise gestion du mineur.

La règle générale de la cessibilité des créances souffre de nombreuses exceptions; elles peuvent se diviser en deux classes.

Le désir de protéger les débiteurs dans certaines circonstances, où il y a juste motif de craindre pour eux un changement de créancier, a motivé quelques-unes de ces exceptions. La loi a frappé d'une incessibilité relative des créances naturellement cessibles. Voilà une première classe d'exceptions. A la seconde appartiennent les créances qui, de leur nature même, sont incessibles.

Droits relativement incessibles.

La première exception s'oppose à ce qu'une personne dont la position sociale et l'influence pourraient tourner au détriment du débiteur, devienne cessionnaire d'une créance qui serait d'ailleurs cessible à l'égard de toute autre personne. La rubrique du titre XIV, liv. 2, au Code, indique la pensée de la loi : *Ne liceat potentioribus patrocinium litigantibus præstare, vel actiones in se transferre.* Non-seulement cette cession est nulle, mais encore une peine sévère vient frapper le créancier : il est déchu de son droit, *debiti jactura creditores multentur* (L. 2, C. Lib. II, t. 14).

Le tuteur se trouve vis-à-vis du mineur dans une position qui appelle toute la sollicitude de la loi. Elle a toujours cherché à éviter un conflit d'intérêts entre ce protecteur légal et ce protégé, *qui propter ætatem se defendere nequit.* Aussi la Novelle 72, chap. 5, interdit à tout tuteur de se rendre cessionnaire d'une créance contre son pupille pendant la tutelle, et après si la créance existait déjà au temps de la tutelle. La cession faite au tuteur est nulle ; le créancier est déchu de son droit. Cette peine le frappe parce qu'il a transgressé la loi, et le mineur bénéficie de sa déchéance. Cette incessibilité relative existe à l'égard du curateur comme à l'égard du tuteur.

Le cessionnaire de droits litigieux a toujours été vu avec défaveur. C'est ordinairement un spéculateur, *redemptor li-*

tium, qui achète à vil prix un droit contesté pour courir les chances d'un procès. Plusieurs lois ont eu pour but de réprimer ces spéculations immorales. Deux Constitutions célèbres d'Anastase et de Justinien, que nous étudierons dans la suite de ce travail, pour prévenir ces cessions à vil prix de droits sujets à contestation, décident que le cédé pourra se faire tenir quitte par le cessionnaire en lui remboursant le prix réel de la cession. Si le cessionnaire est un donataire, il n'est point atteint par ces Constitutions. Telle est la sévérité du législateur en présence de la cession d'un droit contestable; elle devient bien plus grande s'il s'agit d'un droit véritablement litigieux sur lequel il y a procès engagé. La créance, cessible de sa nature, est frappée d'incessibilité après la *litis contestatio* (L. 2, C. VIII, t. 37). La cession est nulle à quelque titre qu'elle soit faite, même à titre gratuit. Cependant la loi 4, C. VIII, 37, excepte de cette prohibition les cessions qui ont lieu à titre de dot, de donation en faveur de mariage, et celles qui ont pour but de consommer une transaction ou un partage. Dans ces différentes circonstances, les cessions ont un motif légitime, évident, qui écarte tout soupçon de spéculation sur le gain d'un procès.

Droits absolument incessibles.

Il y a des droits et des créances qui, par leur nature même, sont absolument incessibles. Tels sont les droits que la loi ou la volonté de l'homme attache inséparablement à la personne, comme le droit aux aliments (L. 8, D. II, 15); le droit de rachat, lorsque la convention ne l'accorde qu'au stipulant. Toutes les fois que l'exercice même du droit est personnel, le droit est évidemment incessible.

L'incessibilité est aussi un caractère commun à tous les droits qui ne sont pas comptés dans notre patrimoine. Il faut ranger dans cette catégorie l'action d'injures avant la *litis contestatio, injuriarum actio in bonis nostris non computatur, antequam litem contestemur* (L. 24, D. XLVII, 10). Les actions populaires, *qui habet has actiones non intelligitur esse locupletior* (L. 7, D. XLVII, 23). Chacun peut d'ailleurs exercer ces actions *proprio nomine*, sans mandat, sans cession.

Les actions *vindictam spirantes* ne sont point cessibles avant la *litis contestatio*, la *querœla inofficiosi testamenti*, l'action en révocation d'une donation (L. 32, D. XXXV, 2.— L. 7 et 10, C. VIII, 56).

Enfin, les droits accessoires ne peuvent êtres cédés indépendamment de l'obligation principale. Ils n'ont pas d'existence propre; ils ne se soutiennent qu'avec le droit auquel ils sont attachés.

CHAPITRE III.

DES EFFETS DE LA CESSION DES CRÉANCES.

Les effets de la cession doivent être étudiés dans les relations du cédant et du cessionnaire, et dans celles du cessionnaire, du cédé et des tiers.

Entre le cédant et le cessionnaire, à quelque titre qu'elle soit faite, la cession oblige pleinement les parties, indépendamment de tout fait extérieur, avant la notification qui lie le débiteur au cessionnaire et qui rend la cession opposable aux tiers.

Les principales obligations du cédant sont celles de la délivrance et de la garantie.

Il doit remettre au cessionnaire les titres de la créance cédée; s'il a perçu quelque chose du débiteur, soit en paiement, soit en compensation, il est obligé d'en tenir compte. *Nominis venditor quidquid vel compensatione vel exactione fuerit consecutus, integrum emptori restituere compelletur* (L. 23, § 1, D. XVIII, 4). Si la créance cédée est contestée en justice, il doit son assistance au cessionnaire. Le cédant accomplissait son obligation de délivrer en créant le cessionnaire son mandataire pour exercer l'action contre le débiteur. Nous avons vu que dans le dernier état du droit, les actions utiles étaient accordées au cessionnaire auquel le cédant n'avait pas donné mandat; le mandat était présumé donné lorsqu'il avait dû l'être, et la remise des titres opérait la délivrance entre les parties.

Le cédant garantit l'existence de la créance, *veritas nominis*. Cette garantie serait illusoire si le débiteur pouvait paralyser par une exception l'action du cessionnaire. *Non videtur cepisse qui per exceptionem a petitione removetur* (L. 13, D. L, 17). Celui-là n'est pas vraiment cessionnaire dont l'action est repoussée par une exception. La loi 4, D. XVIII, 4, définit l'obligation de garantie ; le cédant doit *præstare debitorem esse*, et la loi 5 ajoute : *et quidem sine exceptione quoque, nisi in contrarium actum sit*. Le débiteur du cédant doit être un débiteur sérieux, cet homme *a quo invito pecunia exigi potest* (L. 108. D., L. 16). Telle est l'obligation de garantie naturellement due par le cédant ; elle ne s'étend pas aux droits accessoires qui assurent le droit principal. Le cédant n'en garantit point l'existence s'il n'en a pas fait mention en vendant la créance.

La convention vient souvent modifier cette obligation, soit en l'atténuant, soit en l'aggravant. Si la créance est vendue comme incertaine, le vendeur ne garantit plus son existence. C'est ce que nous indique la loi 4 : *debitorem esse præstare nisi aliud convenit*.

Le vendeur ne répond pas de la solvabilité du débiteur. *Qui nomen quale fuit vendidit duntaxat ut sit, non ut exigi etiam aliquid possit, sed et dolum præstare cogitur* (L. 74, § 3, D. XXI, 2). Cependant, si au moment de la cession le cédant avait connu positivement l'état d'insolvabilité de son débiteur, il y aurait de sa part un dol qui l'obligerait à la garantie. Le cédant doit encore garantir la solvabilité du débiteur s'il l'a formellement promis, ou si la cession a lieu à titre de dot. Cette dérogation est admise en faveur du mariage.

A quel moment la responsabilité du cédant, qui garantit exceptionnellement la solvabilité du débiteur, existe-t-elle? Au moment où la créance devient exigible, si la créance est à terme ou conditionnelle, la responsabilité du cédant est subordonnée aux mêmes modalités.

Si le cédant doit la garantie de la *bonitas* du droit principal, son obligation ne s'étend point avec la même efficacité aux droits accessoires dont il a garanti l'existence. Le péril de l'hypothèque est pour le cessionnaire. *Periculum pignorum nominis venditi ad emptorem pertinere* (L. 30, D. XX, 1).

Ce que nous avons dit sur la garantie due par le cédant de la *veritas nominis* s'applique à la cession à titre onéreux. Dans la cession à titre gratuit, le cédant n'est tenu que de son dol. En effet, quelle obligation a-t-il contractée? Celle de céder ses actions. Le cessionnaire ne peut rien exiger au-delà.

Les effets de la cession que nous venons d'énumérer se produisent dans les relations du cédant et du cessionnaire ; ils sont la conséquence de leur convention. Mais à l'égard du débiteur et des tiers, cette convention est un fait étranger, *res inter alios acta*. C'est la *denuntiatio*, la notification de la cession au débiteur, qui établira un lien de droit entre lui et le cessionnaire. A partir de cette notification, l'opération a une existence juridique pour le cédé et pour les tiers. Quoique le cédé soit toujours le débiteur du cédant, il ne peut plus se libérer qu'en effectuant le paiement aux mains du cessionnaire. Nous avons déjà parlé des principaux effets de la notification ; en un mot, c'est elle qui, à l'égard du cédé et des tiers, transporte l'exercice du droit de créance, du cédant au cessionnaire.

S'il y a plusieurs débiteurs solidaires, la notification doit être faite à chacun d'eux. Le débiteur solidaire qui n'aurait pas été rendu *certior* paierait valablement au cédant ou à un second cessionnaire.

Indépendamment de la notification, nous avons vu que la *litis contestatio* créait un lien entre le débiteur et le cessionnaire mandataire.

Si le cessionnaire qui n'a pas notifié obtient du débiteur *extra judicium* le paiement d'une partie de la dette, cette reconnaissance de la cession par le cédé tient lieu de la *denuntiatio* (L. 3, C. VIII, 42).

Si aucun de ces faits n'est accompli, et que d'ailleurs le débiteur cédé ait connaissance de la cession, pourra-t-il, en payant le créancier cédant, se mettre à l'abri de la poursuite du cessionnaire? La loi 3, C. VIII, 42, semble donner à cette question une solution négative. C'est l'opinion généralement suivie. Cependant, Donellus se rapproche de l'avis de quelques interprètes, en admettant qu'il suffit pour que le cédé ne puisse plus payer au cédant au préjudice du cessionnaire, qu'il ait acquis, de quelque manière que ce soit, une connaissance positive de la cession. *Neque enim certiorari debuit, qui non ignoravit* (L. 1, *in fine*, D., XIX, 1).

Si le cessionnaire qui n'a pas fait la *denuntiatio* intervient lorsque le cédant poursuit son débiteur, cette intervention vaut notification. Le cédé ne peut plus se libérer en payant le cédant; mais cette intervention doit précéder la *litis contestatio*, à partir de laquelle la créance du cédant est novée (L. 55, D. III, t. 3). *Procuratore in rem suam dato, præferendus non est dominus procuratoris in litem movendam, vel pecuniam suscipiendam*.

La cession, quelle que soit sa cause, fait passer au cessionnaire la créance cédée avec tous les droits accessoires qui s'y rattachent. En principe, il faut comprendre parmi ces accessoires les priviléges, les *beneficia legis?* Le cessionnaire peut faire valoir la créance comme le cédant lui-même; *exemplo creditoris persecutio tribuitur* (L. 8, C. IV, t. 39); *Beneficium venditoris prodest emptori* (L. 6, D., XVIII, 4).

Cette règle souffre des exceptions. Il y a des priviléges qui ne passent pas au cessionnaire. Les anciens interprètes fondaient ces exceptions sur une distinction entre les actions directes et utiles, que nous devons écarter. Nous savons que le cessionnaire muni de l'action utile est toujours un *procurator*. C'est une action utile de mandat qui lui est accordée par les Constitutions lorsque, d'après les principes rigoureux, l'action directe lui fait défaut.

A Rome, il y avait deux classes de priviléges. Le privilége

réel, droit de préférence, même à l'égard des créanciers hypothécaires, que la loi attache à une créance hypothécaire à raison de sa qualité.

Le privilége personnel, droit de préférence, sans droit de suite, attaché par la loi à une créance, à raison de la qualité de la créance ou du créancier.

Les priviléges personnels se divisent donc en deux catégories. Les uns sont attachés *causæ* à la qualité de la créance, les autres *personæ* à la qualité du créancier. Les premiers passent aux héritiers, les seconds s'éteignent avec la personne.

Le privilége personnel, à raison de la qualité du créancier, ne passe pas au cessionnaire : ainsi le privilége personnel du pupille. Un tuteur condamné *in solidum* exige du pupille qu'il va payer la cession de ses actions contre les cotuteurs; *privilegium pupilli non habebit; quod nec heredi pupilli datur, non enim causæ sed personæ succuritur, quæ meruit præcipuum favorem* (L. 42, D., XXVI, 7). Le privilége personnel en faveur de la *causa debendi* passe au cessionnaire. Nous pouvons citer comme exemple le privilége accordé au prêt fait pour la reconstruction d'un bâtiment.

Nous devons poser la règle que les priviléges en faveur de la personne ne passent pas au cessionnaire.

La loi établit quelquefois, au profit de certaines personnes, une procédure exceptionnelle ou privilégiée. Ces avantages n'ont aucun rapport direct avec le fond même de la créance; ils ne suivent point le droit cédé entre les mains du cessionnaire; exemple : le *privilegium fori*, si le cédant a le droit exceptionnel de citer le débiteur devant son propre *forum*.

Il y a des *beneficia legis* tout personnels. *Ubi personæ conditio locum facit beneficio* (L. 68, D., L, 17). Le cessionnaire ne peut les invoquer, mais il a droit à l'émolument acquis au moment de la cession (L. 43, D., XXII, 1). Le fisc a le droit exhorbitant d'exiger des intérêts de 6 %, même lorsqu'il n'en a pas été stipulé. Le cessionnaire du fisc pourra exiger les intérêts échus á partir du moment où le fisc a été créancier; mais d'après la loi 68, D., L, 17, il n'aura plus droit à ces intérêts depuis la cession; *deficiente persona beneficium quoque deficiat*.

La position du cessionnaire diffère de celle d'un mandataire ordinaire; il est mandataire pour son compte. De là naît une question non moins importante que celle que nous venons de résoudre. Le cessionnaire exerçant l'action d'un autre pour son compte sera-t-il fondé à prétendre qu'il peut appliquer à la créance cédée ses propres privilèges?

Le cessionnaire agit dans la limite des droits du mandant, à sa place et comme lui. La cession qui est pour le cédé *res inter alios acta* ne peut pas lui causer de préjudice. Tous les privilèges propres du cessionnaire qui tendraient à aggraver la position du débiteur ne sauraient être appliqués à la créance cédée. Nous écarterons donc les privilèges personnels du cessionnaire, l'hypothèque légale dont il peut jouir. S'il a le droit de percevoir des intérêts non stipulés, ce droit ne s'attachera pas à la créance cédée; il n'y a pas d'exception à ce principe, même au profit du fisc.

Mais le cessionnaire mandataire *in rem suam*, poursuivant le droit cédé, est personnellement demandeur dans la réalité des faits. S'il s'agit de priviléges de procédure qui ne touchent pas au fond de la créance, nous lui permettrons de les appliquer à la créance cédée qu'il exerce pour son compte. Il ne faudrait pas lui refuser le *beneficium ætatis*, qui tendrait à le faire restituer contre un acte de procédure.

La créance peut être cédée contre le gré du débiteur, *nominis venditio, etiam ignorante, vel invito eo, adversus quem actiones mandantur, contrahi solet* (L. 3, C. IV, 39). Ce transport lui impose un nouveau créancier. Sur quoi fonderait-il une plainte s'il ne doit pas en souffrir? Le cessionnaire ne pourra exiger que ce qui était dû au cédant; peu importe à la libération du débiteur qu'il paie au premier créancier ou à un autre par la volonté de celui-là. Le cédé pourra donc opposer au cessionnaire toutes les exceptions qu'il aurait pu opposer au cédant : toutes celles qu'il a acquises *ex personâ cedentis*. Mais nous avons vu que la *denuntiatio* établissait un lien entre lui et le cessionnaire; à partir de cet instant sa position était modifiée, puisque la notification transporte le droit du cédant au cessionnaire à l'égard du cédé. Il n'acquiert les exceptions *ex personâ cedentis* qu'antérieurement à la notification; et s'il s'agit de la compensation, il ne suffit même pas que la cause de l'exception soit antérieure à la notification, il faut qu'avant cette époque la créance ait été compensable.

Quant aux exceptions qui ne touchent pas au fond du droit, aux exceptions de procédure qui avaient leur cause dans la personne du cédant et qui n'ont plus de fondement dans la personne du cessionnaire, il est clair que le débiteur ne peut plus les opposer. Ainsi le cédant est un étranger, il devait fournir une *satisdatio* pour être admis à intenter son action; si le cessionnaire est un citoyen, le débiteur ne peut repousser son action en s'appuyant sur un moyen qui n'a plus de cause.

Il est évident que le débiteur peut opposer les exceptions qu'il tient du cessionnaire lui-même, *ex personâ cessionnarii*, qu'elles soient antérieures ou postérieures à la notification; par exemple, l'exception *doli* née d'un pacte, *de non petendo*, ou d'une transaction; l'exception qui se rapporterait à la justification des qualités du demandeur.

Il y a des exceptions que le débiteur tire de ses propres qualités, *ex personâ ipsius*, le délai de grâce, le bénéfice de compétence. La cession n'a pas dû lui ôter ces avantages; il peut toujours en user, quoique ses rapports avec le cessionnaire ne soient pas ceux qui existaient entre lui et le cédant, car le cessionnaire agit au lieu et à la place du mandant.

La cession n'aura aucune influence sur les exceptions *ex ipsâ nominis causâ descendentes*, comme les exceptions *doli*, *metûs S. C. Macedoniani, S. C. velleiani, læsionis ultrà dimidium.* Elles sont toujours opposables au cessionnaire.

Nous voyons que le cédé s'arme contre le cessionnaire des défenses qu'il tient *ex personâ cedentis.* Il est donc juste que le cessionnaire invoque aussi *ex personâ cedentis* les répliques aux exceptions du débiteur. Si, par exemple, le cédé oppose à l'action du cessionnaire une exception de dol née d'un pacte, *de non petendo,* intervenu entre le créancier et son débiteur, le cessionnaire pourra très-bien écarter cette exception par une réplique tirée du pacte, *ut petatur,* qui aurait eu lieu postérieurement entre le cédé et le cédant.

Le cédé repousse l'action du cessionnaire par des exceptions qu'il tient du cessionnaire lui-même, *ex personâ cessionnarii*; celui-ci répondra par les répliques qui s'y rattachent.

Le cessionnaire peut encore se servir des répliques dont il a le droit d'user à l'égard de tout défendeur, et, par exemple, il repousserait l'exception fondée sur ce que le cédé n'a pas été assigné devant le juge de son domicile, par une réplique tirée du *privigilegium fori* dont il jouit.

Parmi les exceptions que le débiteur peut opposer au cessionnaire, il en est une dont le caractère particulier mérite une attention spéciale; c'est celle qui naît des célèbres Constitutions d'Anastase et de Justinien (lois 22 et 23 au Code, livre IV, titre 35). L'importance de ces Constitutions est d'autant plus grande qu'elles ont donné naissance aux règles de notre législation française sur la cession des créances litigieuses.

Ces lois sont conçues dans l'intérêt du débiteur cédé. Avant la Constitution d'Anastase, toute cession de créances était valable, qu'elle eût lieu à titre de donation ou à titre de vente Depuis la loi *per diversas*, le cessionnaire à prix d'argent d'une créance ne peut rien exiger du débiteur au-delà du prix et des intérêts du prix qu'il a payé. Cette disposition ne s'appliquait qu'au cas de vente. Justinien dans la loi 23, *ab Anastasio*, l'étend aux donations simulées qui tendaient à éluder la loi. En transportant les créances, partie à titre de vente, partie à titre de donation, on évitait l'application de la Constitution d'Anastase, qui admettait la pleine validité de la cession-donation, et la validité de la cession-vente dans la limite du prix payé. Justinien, pour rendre à la Constitution toute son efficacité et prévenir le retour de ces fraudes, décide que le cessionnaire devra se contenter de la somme qu'il a payée au cédant, et le débiteur profitera de la donation simulée.

Le cessionnaire est demandeur, il ne peut l'être que dans la limite du prix réel de la cession; il doit déterminer sa demande. C'est donc à lui qu'il appartient de prouver le paiement du prix. Il fera cette preuve par tous les moyens, sauf la preuve contraire. Remarquons que l'aveu du cédant n'est pas admis en preuve; on peut craindre qu'il se soit prêté à la fraude.

L'exception *legis Anastasianæ* n'est pas une exception proprement dite, à laquelle s'applique la règle : *reus in excipiendo fit actor*. C'est une défense analogue à l'exception *non numeratæ pecuniæ*. Elle consiste dans une dénégation pure et simple qu'il suffit d'opposer au cessionnaire pour rejeter sur lui le fardeau de la preuve *usque ad ipsam tantummodo solutarum pecuniarum quantitatem et usurarum ejus actiones exercere permittatur* (L. 22).

Il nous reste à déterminer les cas où ces deux Constitutions ne sont pas applicables. Elles régissent les ventes et les donations simulées; elles sont étrangères aux cessions faites à tout autre titre, échange, donation sincère, etc.; et même, dans leur sphère d'action, ces lois admettent des exceptions lorsque des circonstances particulières justifient la cession sans permettre de soupçonner l'esprit de spéculation que les deux empereurs ont voulu réprimer. Ainsi, sont exceptées de ces règles rigoureuses les cessions qui interviennent entre héritiers ou colégataires pour favoriser le partage; les cessions *ex causâ solutionis*, celles faites au possesseur de la chose hypothéquée à la créance cédée (L. 22). Enfin, la Constitution ne peut pas s'étendre aux créances vendues comme faisant partie d'une universalité.

Notons aussi que ces lois ne s'appliquent pas aux créances litigieuses dont la cession est frappée de nullité absolue (L. 2 et 4, C. VIII, 37).

Les bonnes intentions d'Anastase et de Justinien produisirent des résultats très malheureux. Ils avaient rendu presque impossible le commerce des créances, lorsqu'ils voulaient seulement en réprimer l'abus. Aussi notre Code Napoléon n'a-t-il point admis ces principes. Il a laissé aux cessions à titre de vente toute leur liberté, mais il a transporté aux cessions de créances litigieuses, frappées autrefois d'une nullité absolue, cette nullité partielle dont il a puisé l'idée dans les Constitutions des deux empereurs.

Après avoir exposé les principes de la cession des créances telle qu'elle existe dans le dernier état du droit, il est à peine utile de faire ressortir les différences qui la séparent de la délégation.

La délégation exige le consentement du délégué, la cession s'opère sans le concours du cédé; aussi le cessionnaire n'exerce-t-il que le droit du cédant, et la cession ne change rien à la créance même. Le délégataire, au contraire, exerce son propre droit, car il est devenu créancier par la novation.

Le cédé opposera au cessionnaire les exceptions qu'il pouvait opposer au cédant avant la *denuntiatio*. Le délégué conserve son recours contre le délégant, s'il n'y a pas renoncé en acceptant sciemment la délégation; mais il ne peut opposer au délégataire les exceptions qu'il avait contre le délégant.

L'assignation ne diffère pas moins de la cession. L'assignataire est un mandataire autorisé par le créancier à recevoir le paiement. Le risque de l'insolvabilité du débiteur assigné n'est point à sa charge. Le débiteur qui fait assignation n'est libéré que par le paiement effectué par l'assigné entre les mains de l'assignataire.

L'exposition des principes de la cession des créances en droit romain est l'objet de la première partie de notre travail; dans la seconde, nous étudions la cession des créances en droit français. Cette comparaison des deux législations nous fera voir combien leurs points de contact sont fréquents; comment nos jurisconsultes s'inspirent des lois romaines, en les modifiant d'après les nouveaux besoins de la société. Nulle part plus que dans cette matière nous ne saurions constater les nombreux emprunts que la jurisprudence moderne a faits à la sagesse de Rome.

DEUXIÈME PARTIE.

De la Cession des Créances en Droit Français.

CHAPITRE PREMIER.

DE LA CESSION EN GÉNÉRAL.

---

§ I. — *De la nature de la Cession des Créances en Droit Français.*

Les principes fondés sur la nature des choses s'imposent au législateur, quelle que soit la nation à laquelle il appartienne : les formes varient; ce qui vient de l'homme est sujet au changement, mais le droit en lui-même est immuable comme la vérité. Ce que nous avons dit sur la nature du droit de créance est donc vrai dans la législation française et dans la législation romaine. La créance, droit inhérent à la personne du créancier, qui passe à l'héritier continuateur de cette personne, ne saurait, dans la rigueur des principes, être transportée entre vifs. La grande utilité de la cession porta les jurisconsultes à chercher les moyens de transporter non pas la créance même, puisque la subtilité du droit s'y opposait, mais le bénéfice, l'exercice de la créance. C'était un résultat équivalent, les droits personnels n'étaient plus hors du commerce. Le moyen ingénieux inventé par les jurisconsultes pour transférer les créances sans le consentement ni l'intervention du débiteur fut le mandat *in rem suam*. Dans le dernier état de la législation romaine, il n'était plus nécessaire que l'acte de cession exprimât le mandat dans lequel cependant le transport consiste. De même, en droit français, la cession s'effectue par mandat sans que l'idée en soit exprimée, mais elle subsiste dans la pensée de la loi. Le cessionnaire français doit donc être considéré comme un mandataire; il exerce les droits du cédant; mais il n'agit pas au nom de celui-ci, il agit en son propre nom et pour son compte; il est mandataire *in rem suam*.

Le contrat qui transfère la créance prend le nom de *transport*, de *cession*, ou de *transport-cession*. Il peut avoir lieu à titre de vente, d'échange, de donation, etc., à quelque titre que ce soit, gratuit ou onéreux.

§ 2. — *Différences entre la subrogation, la délégation, l'assignation et la cession.*

Le transport des créances a de l'analogie avec quelques autres opérations juridiques qu'il faut bien distinguer pour saisir parfaitement le caractère propre de la cession, objet spécial de notre étude.

Le but principal et direct de la cession est de transporter une créance à un acheteur, à un coéchangiste, à un donataire, etc. La subrogation n'est que l'accessoire d'un paiement; elle se rattache toujours à une résolution de contrat. Dans le système de ceux qui considèrent la subrogation comme un paiement à l'égard de tout le monde, l'action du créancier est éteinte; on admet seulement que les accessoires de la créance éteinte subsistent et viennent s'accrocher, pour ainsi dire, à l'action de mandat ou de gestion d'affaires du subrogé. Il est impossible de confondre cette opération avec la cession, qui fait passer au cessionnaire le droit même du cédant.

C'est donc seulement en nous plaçant au point de vue des partisans de l'autre système que nous trouvons une utilité à faire ressortir les différences de la subrogation et de la cession.

Cette théorie même, qui voit dans la subrogation une cession, constate que la subrogation est une opération à double face. Si elle reconnaît dans le subrogé un cessionnaire, elle ne peut voir un cédant dans celui qui subroge. Ce personnage, en transmettant ses droits, n'a point l'intention de vendre ou de donner; il n'a qu'un but : obtenir le paiement de ce qui lui est dû.

Nous avons supposé que le créancier subroge celui dont

il reçoit le paiement; mais quand la subrogation émane du débiteur ou de la loi, lorsqu'elle se fait *invito creditore,* tandis que la cession est nécessairement l'œuvre du créancier, la différence est bien plus frappante; il devient impossible de confondre deux opérations si distinctes dans leur objet et dans la manière dont elles s'accomplissent.

Ces différences de principes entraînent de notables différences pratiques. 1° Le débiteur de la créance cédée, si elle n'est pas litigieuse, doit payer au cessionnaire la somme totale de la dette, quoiqu'il l'ait achetée à un prix inférieur. Le subrogé, au contraire, ne peut exiger du débiteur que ce qu'il a réellement déboursé. Le cessionnaire est un spéculateur, il veut réaliser un bénéfice : telle n'est pas l'intention présumée du subrogé. En payant la dette, il fait l'affaire du débiteur; comme tout gérant d'affaires, il doit être indemnisé de ses impenses; mais il ne bénéficiera pas d'une opération dans laquelle il n'a pas en vue son intérêt propre. Sa dépense limite son droit.

2° L'art. 450 (C. Nap.) interdit au tuteur de se rendre cessionnaire d'une créance contre son pupille, mais il peut payer la dette de son pupille et requérir la subrogation, car le subrogé n'est pas un spéculateur; il ne court pas la chance de gagner.

3° D'après l'art. 1252, le créancier hypothécaire ou privilégié, lorsqu'il n'a été payé qu'en partie, peut exercer ses droits pour ce qui lui reste dû par préférence à celui dont il n'a reçu qu'un paiement partiel. S'il s'agissait d'un transport partiel de la créance, il n'y aurait aucun motif de préférer le cédant au cessionnaire.

4° Le subrogeant de bonne foi ne garantit point l'existence de la créance; il est seulement tenu de la *condictio indebiti*, qui ne comprend pas les frais faits par le subrogé contre le prétendu débiteur. Le cédant, sauf stipulation contraire, est garant de la *veritas nominis*.

5° Les formalités qui rendent la cession opposable aux tiers ne sont point applicables à la subrogation.

Primus, créancier de Secundus, est lui-même débiteur de Tertius; il charge celui-ci de toucher la créance de Secundus en déduction de sa propre dette. On a nommé cette opération indication de paiement, assignation de dette. Ce mandat donné par Primus à Tertius offre des analogies avec la cession; mais dans l'indication de paiement les risques de l'insolvabilité du débiteur indiqué sont pour le créancier indiquant : dans la cession, le péril est pour le cessionnaire.

Les différences ne sont pas moins sensibles entre la délégation et la cession. Pour me libérer de ce que je vous dois, je vous délègue mon débiteur qui s'oblige envers vous, et vous déclarez que vous me déchargez (art. 1275). Cette délégation contient une novation; l'ancienne dette est éteinte avec ses priviléges et hypothèques si les parties n'ont pas stipulé que les droits accessoires s'attacheraient à la nouvelle créance (art. 1278). La cession ne contient pas de novation; elle s'opère même *invito debitore*. La délégation nécessite le consentement du débiteur.

Dans la délégation, si le créancier n'a pas expressément déchargé le délégant, celui-ci répond de la solvabilité du délégué; il n'y a plus qu'une sorte d'indication de paiement.

Nous avons énuméré les caractères les plus propres à distinguer ces opérations; elles ont ce rapport commun de tendre à faire passer d'un créancier à un autre le bénéfice d'une créance, mais elles n'atteignent pas le même but par les mêmes moyens, et par les mêmes motifs; il importe de s'attacher à bien connaître les intentions des parties.

§ 3. — *Des différentes espèces de cessions.*

Les jurisconsultes de Rome n'avaient inventé qu'une manière de transporter les créances sans l'intervention du débiteur. Après la chute de l'Empire romain, et pendant ces lentes transformations du moyen âge qui donnèrent naissance à nos sociétés modernes, les progrès de la science du Droit furent retardés. La division du territoire entre cette multitude de petits souverains, dont les rivalités entretenaient des guerres perpétuelles; les différences infinies des lois, des coutumes, des mœurs; l'extrême variété des monnaies, souvent altérées par les princes, étaient autant d'obstacles à la confiance et à la sécurité qui font vivre et prospérer le commerce. Les relations de créancier à débiteur ne pouvaient pas se multiplier dans de telles circonstances, et il n'était pas nécessaire de chercher les moyens de faciliter les transports. Ce fut seulement vers le commencement du XVIIe siècle qu'une exception fut faite au droit commun sur la cession en faveur du créancier propriétaire d'une lettre de change (Savary, Parère, 82, t. II, p. 602). Aucun monument historique ne révèle l'origine même de la clause à l'ordre et de l'endossement ; mais jusqu'à l'époque que nous avons indiquée les auteurs n'en parlent pas ; le mot endossement, la clause à l'ordre sont inconnus (Scaccia, § 2, glos. 7, p. 398 et suiv.). Les formalités et les lenteurs des transports du droit civil ne s'accordaient pas avec la célérité qu'exigent les affaires commerciales. Les lettres de change furent payables, non-seulement à la personne dénommée, mais encore à celle qui en avait reçu le mandat par une déclaration écrite au dos du titre même. Ce mode de cession prit le nom d'*endossement*, et le transport de la créance devint opposable aux tiers sans notification.

La transmission de la créance par simple endossement contrariait d'anciennes habitudes ; aussi ne fut-elle point admise d'abord dans certains pays. Venise la proscrivit ; ailleurs on ne l'admit qu'avec restriction : il fut défendu pendant longtemps de payer une lettre de change à ordre à un second cessionnaire ; on repoussait ces cessions successives par chacun des cessionnaires qui de porteurs deviennent endosseurs, dont l'utile résultat est de procurer, au moyen d'un paiement unique, un nombre de paiements égal au nombre des cessions qui ont été faites. L'édit de 1673 sanctionna pour la première fois le droit que les usages du commerce avaient introduit en France.

Dans les créances de droit commun, le débiteur s'engage

à payer à un créancier déterminé; dans les créances à ordre, le débiteur doit payer, soit au créancier, soit sur son ordre, à un cessionnaire par voie d'endossement. On imagina des créances constituées de telle sorte, que la cession en fût encore plus facile. Le débiteur s'engage à payer au porteur du titre même de la créance; ainsi la simple tradition devient un mode de cession. Divers édits, dans notre ancien Droit, ont successivement prohibé ou permis les créances de cette nature, dont la validité a été reconnue par la loi du 6 thermidor an III. Depuis, des lois spéciales, que nous indiquerons plus bas, ont décidé que le débiteur pourrait contracter de cette manière.

Enfin des lois ont autorisé, dans des cas exceptionnels, un nouveau mode de constitution de créances et un nouveau mode de cession, pour augmenter le crédit de l'État et des grandes sociétés commerciales en dégageant la cession des formalités du droit commun : nous voulons parler des créances constituées avec clause de transfert. Ces créances ne peuvent être transportées à un cessionnaire que par une déclaration signée du créancier sur les registres du débiteur (L. du 28 floréal an VII; décret du 13 thermidor an XIII; décret du 16 janv. 1808).

Ces différents modes de cession divisent naturellement notre étude. Nous traiterons dans le Chapitre II de la cession de droit commun, et dans le Chapitre III des cessions exceptionnelles.

CHAPITRE II.

DE LA CESSION DE DROIT COMMUN.

---

§ 1. — *De la cession entre les parties.*

La cession des créances peut intervenir à titre gratuit ou à titre onéreux; c'est une donation, ou une vente, ou un échange, etc. Si c'est une donation, il faut appliquer les règles des donations; si c'est une vente, comme le Code le suppose, il y a lieu de recourir aux règles générales des ventes ordinaires (art. 1108, 1583, 1594 et s., C. N.). Ces différentes règles ne rentrent pas dans l'objet de notre thèse; ce sont les règles spéciales de la cession qui la distinguent de toute autre donation, de toute autre vente, que nous avons à étudier.

On peut céder une action, qu'elle soit personnelle ou réelle, à terme ou sous condition. La cession même est susceptible de ces modalités. Elle sera pure et simple, à terme ou conditionnelle. Pour qu'un droit soit cessible, il suffit qu'il soit susceptible de vente et qu'il ne soit pas attaché exclusivement à la personne.

On a vainement cherché une formule générale qui permît de reconnaître les droits cessibles et ceux qui ne le sont pas. Il n'est pas exact de dire que les droits transmissibles par succession sont cessibles, que les droits qui ne peuvent pas être exercés par les créanciers ne sont pas susceptibles d'être cédés. Ces formules reculent la difficulté sans la résoudre, et d'ailleurs elles ne sont pas rigoureusement vraies.

Il faut poser en principe que tous les droits dont l'objet est dans le commerce sont cessibles, si la loi n'en prohibe pas expressément ou implicitement la cession. C'est en s'attachant à considérer la nature même et les caractères particuliers d'un droit, ou son analogie avec d'autres droits dont la loi prohibe expressément le transport, que l'on arrive à reconnaître qu'un droit n'est pas cessible (1).

La forme de la cession est l'acte authentique ou sous seing privé, ou même la convention verbale, sauf les règles générales sur les preuves.

Le transport est parfait entre les parties par le seul consentement sur la chose et sur le prix. Le cessionnaire est

(1) La loi défend de céder les droits d'usage et d'habitation (art. 631, 634), les droits éventuels à une succession non ouverte (art. 1130), les parts éventuelles dans le produit des prises maritimes (loi du 1er octobre 1793, art. 46; arrêté du 9 ventôse an IX, art. 42), les soldes de retraite, les traitements de réforme, les pensions de la Légion-d'Honneur, en général toute pension due par l'Etat ou par les caisses des diverses administrations (déclarat. du 7 janv. 1779, art. 12; arrêté des Consuls du 7 thermidor an X; avis du Cons. d'Etat des 23 janv., 2 fév. 1808 ; loi du 19 mai 1834, art. 20).

La loi prohibe implicitement la cession au profit d'un non successible du retrait successoral (art. 841); la cession du droit de réclamer des aliments, que ce droit soit né de la loi, d'une donation ou d'un legs (arg., art. 581 et 1004, C. Proc).

devenu propriétaire de la créance à l'égard du cédant, les obligations des parties ont pris naissance, l'acheteur est débiteur du prix, le vendeur doit la délivrance et la garantie. Ainsi, la cession a lieu sans l'intervention du cédé. Il doit lui être indifférent de payer à l'un ou à l'autre ; le cessionnaire est considéré comme un mandataire exerçant pour son compte le droit du cédant.

La délivrance s'opère par la remise du titre (art. 1689, 1607).

Le cédant est tenu de la garantie. On en distingue deux espèces : la garantie de droit et la garantie de fait. La première est la conséquence naturelle du contrat ; la seconde doit être stipulée. La garantie de droit s'entend de l'existence de la créance cédée ; c'est de celle-ci que le cédant est tenu (1693). On ne pouvait admettre que le vendeur satisfit à ses obligations en remettant le titre d'une créance éteinte ; mais il ne garantit l'existence des droits accessoires qu'autant qu'ils sont expressément compris dans la vente.

Cette garantie de droit peut être modifiée par la convention, qui augmente ou diminue son extension ; elle disparaît tout à fait si le cédant vend la créance comme incertaine, litigieuse, en laissant au cessionnaire les risques et périls d'un débat devant les tribunaux. La simple clause de transport sans garantie n'empêcherait pas le cédant de répondre de l'existence de la créance (1693). Il faut que la créance ait été présentée comme incertaine pour que sa responsabilité soit à couvert et qu'il n'y ait aucun dol à lui imputer.

La garantie de fait peut résulter de différentes clauses qui la rendent plus ou moins onéreuse pour le cédant.

La garantie simple, conventionnelle, est celle par laquelle le cédant promet que la créance est bonne et le débiteur solvable. Si le cédant a promis de garantir de tous troubles et empêchements quelconques, il s'agit encore de la garantie simple : elle s'étend seulement à la solvabilité présente, au moment de la cession.

La clause de fournir et faire valoir rend le cédant responsable de la solvabilité future, jusqu'à l'époque du paiement (Pothier, *De la Vente,* 563).

Mais cette clause n'oblige pas le cédant à répondre immédiatement pour le débiteur en retard de payer. Le recours du cessionnaire ne peut être exercé qu'après la discussion du cédé, et sur la preuve de son insolvabilité (Pothier, 565-567). Le cessionnaire n'aurait plus de recours si cette insolvabilité résultait de son fait, s'il avait été assez imprudent pour décharger une caution ou donner une main levée d'hypothèque. Le cédant, quoiqu'il ait garanti la solvabilité future, ne répond que des cas fortuits. Le cessionnaire propriétaire de la créance doit faire tous les actes conservatoires de ses droits. Si, après le moment où la créance cédée est devenue exigible, le cessionnaire accorde un délai au débiteur, il courra seul les risques de l'insolvabilité du cédé survenus dans ce laps de temps.

Enfin la garantie conventionnelle a une extension plus grande encore, si le cédant s'oblige à payer pour le débiteur

4

après simple commandement fait à ce dernier par le cessionnaire. Cette clause dispense l'acheteur de la nécessité de discuter le débiteur avant de recourir contre le cédant ; il suffit qu'il ait mis le cédé en demeure de payer.

Lorsque le cessionnaire se trouve dans la nécessité d'exercer son recours, qu'obtiendra-t-il par l'action en garantie? Quant à la garantie de droit pour défaut d'existence de la créance, le cédant doit restituer : 1° le prix de cession ; 2° les intérêts du prix depuis le jour du paiement (1699, *à fortiori*) ; 3° les frais et loyaux coûts du contrat (*ibid.*) ; 4° les frais faits sur la demande originaire et la demande en garantie. Le vendeur ne doit pas payer le montant intégral de la créance cédée. L'art 1694 nous donne cette solution pour le cas même où le cédant, outre la garantie de droit, a promis la garantie de la solvabilité du débiteur. Il semblerait juste d'accorder au cessionnaire des dommages-intérêts pour la différence entre le prix du transport et le chiffre de la créance; mais la loi voit avec défaveur les acheteurs de créances. L'art 1694 régit spécialement le cas où le cédant a promis la garantie de fait. Si le débiteur est insolvable, la responsabilité du vendeur n'en est pas moins limitée au prix de cession, au remboursement des intérêts et des frais que nous avons déjà indiqués. Il est possible que l'insolvabilité du débiteur ne soit que partielle, le cessionnaire aura recours contre le cédant pour une part proportionnelle du prix de cession.

Si le cédant a promis de payer après simple commandement, il est personnellement obligé. Il ne doit pas se refuser à payer le total de la valeur nominale (Loyseau, *Garantie des rentes*, chap. 7, nos 45, 7 et 8).

Le cédant, garant de la solvabilité du cédé, est en quelque sorte sa caution jusqu'à concurrence du prix du transport. Cependant il n'est point soumis à l'obligation de faire l'avance des frais, comme une caution ordinaire qui invoque le bénéfice de discussion (art. 2023), à moins de convention contraire.

Le cédant est toujours soumis à la garantie de ses faits personnels (art. 1628).

L'action en garantie n'est prescriptible que par trente ans, puisque le Code ne l'a pas limitée à un temps plus court.

La prescription en matière de garantie ne commence à courir que du jour où le garanti a pu agir (art. 2257). Le point de départ de la prescription varie selon qu'il s'agit de la garantie de droit ou de la garantie de fait.

Pour la première, la prescription commencera à courir du jour où il sera constaté que la créance n'existe pas; ou du moins à partir du moment où le cessionnaire aura connu positivement que le droit était contesté.

Quant à la garantie de fait, la prescription commence à courir du jour du transport. Si la créance est immédiatement exigible, dans le cas contraire, du jour de l'exigibilité. Si la garantie de la solvabilité future a été promise pour une rente, ce sera du jour de l'échéance du premier terme qui n'aura pas été payé qu'il faudra compter le temps requis pour prescrire.

§ II. — *De la cession à l'égard des tiers.*

La translation occulte des droits réels ou personnels est trop favorable à la fraude pour que les différents législateurs ne se soient pas préoccupés de chercher les moyens de la rendre publique.

A Rome, un fait extérieur manifestait le transport des droits réels ou personnels. S'il s'agissait d'une chose *mancipi*, il fallait recourir à un mode solennel pour en opérer l'aliénation ; la simple tradition suffisait pour les choses *nec mancipi*. Le transport des droits de créance était soumis à la nécessité de la *denuntiatio*.

Nos lois françaises, ont organisé une publicité plus parfaite : s'il s'agit d'un droit réel immobilier, la loi du 23 mars 1855 exige la transcription ; c'est un retour au sage principe de la loi du 11 brumaire an VII, que le Code avait abandonné relativement aux mutations à titre onéreux (art. 939). Quant aux droits réels mobiliers, les tiers sont protégés par la maxime qu'en fait de meubles la possession de bonne foi vaut titre (art. 2279-1141).

L'art. 108 de la Coutume de Paris avait reproduit le principe de la *denuntiatio* romaine. « Un simple transport ne saisit point, et faut signifier le transport à la partie, et en bailler copie avant que d'exécuter. » L'art. 1690 consacre cette idée; le cessionnaire n'est saisi à l'égard des tiers que par la signification du transport au débiteur. La translation d'un droit de créance ne peut donc s'opérer à l'égard des tiers que par l'accomplissement de cette formalité, qui lie le débiteur au cessionnaire, qui contraint celui-ci à jouer un rôle actif et public. C'est un moyen efficace de prévenir des cessions simulées ; c'est une précieuse garantie pour les tiers. Avant de traiter avec le cédant, ils demanderont au cédé s'il est encore son débiteur. Ainsi, les tiers qui veulent acheter un immeuble ou prendre une hypothèque vont chez le conservateur consulter les registres des transcriptions ou inscriptions qui leur révèlent d'une manière certaine les droits du propriétaire avec lequel ils se proposent de contracter.

Nous voyons que le système de publicité des transports de droits personnels est en harmonie avec celui des translations de droits réels.

Quels sont les tiers que l'art. 1690 veut désigner? Le mot *tiers* y est pris dans son acception la plus large. Il doit s'entendre : 1° du débiteur cédé, 2° du deuxième cessionnaire, 3° du créancier gagiste, 4° des créanciers du cédant.

Si le transport n'a pas été signifié, le cédant n'est pas dessaisi : 1° il peut se comporter en véritable propriétaire de la créance : il agira contre le cédé sans que celui-ci ait à lui opposer la cession, et le débiteur sera libéré en payant le cédant; 2° celui-ci peut faire tous les actes conservatoires en son nom personnel, prendre et renouveler les inscriptions hypothécaires; 3° le tiers détenteur poursuivi en délaissement par le cédant pour une créance inscrite ne pourra pas soutenir qu'il n'a plus qualité; 4° le deuxième cessionnaire plus diligent, qui a signifié le transport, sera préféré au premier (Pothier, *Vente*, 558); 5° les créanciers du cédant saisiront la créance entre les mains du débiteur au préjudice du cessionnaire (Pothier, *Vente*, 557) : en effet, jusqu'à la signification, la créance repose sur la tête du cédant, elle est le gage de ses créanciers, même postérieurs à la cession; 6° la compensation ne s'établit point entre le cédé et le cessionnaire; 7° si le débiteur a été libéré par un jugement intervenu entre lui et son créancier, le cessionnaire qui n'a pas notifié n'est point recevable à former tierce opposition. L'obligation du débiteur est éteinte par ce jugement, comme elle l'eût été par un paiement que le cessionnaire ne peut critiquer lorsqu'il n'a pas rempli les formalités qui rendent la cession publique.

Le cédant ne peut se prévaloir du défaut de signification; à son égard la cession est parfaite, *solo consensu*. Le cessionnaire aurait contre lui un recours en garantie s'il avait reçu le paiement, fait remise de la dette à son débiteur, ou contracté avec un second cessionnaire dont la signification aurait prévenu celle du premier.

Nous avons compris le débiteur, même parmi les tiers de l'art. 1690. En effet, il n'est pas partie dans la cession. Cependant il est dans une position différente de celle des autres tiers, à l'égard desquels l'acceptation authentique du transport par le cédé peut seule équivaloir à la signification. La disposition de l'art. 1141 n'est pas applicable ici. La connaissance indirecte d'une première cession ne devrait pas faire considérer comme de mauvaise foi le second cessionnaire qui a signifié. Au contraire, l'acceptation sous seing privé suffit à lier le débiteur (art. 1322). S'il paie au cédant, il manque à sa promesse; il cause un préjudice au cessionnaire, il doit l'indemniser. Il serait également obligé par une acceptation verbale, sauf les règles sur la preuve.

Le débiteur qui a accepté purement et simplement la cession ne peut plus opposer au cessionnaire la compensation qu'il eût pu, avant l'acceptation, opposer au cédant (1295). La signification de la cession est moins efficace que l'acceptation; elle n'empêche que la compensation des créances postérieures à cette notification.

La signification doit être faite par acte d'huissier à personne ou à domicile. Il suffit qu'elle fasse connaître expressément l'acte de cession; il n'est pas nécessaire qu'elle en contienne la copie littérale.

Si le débiteur est un étranger, nous ne suivrons pas les règles de l'art. 69, 9° (C. Pr.). Pour que le débiteur ne paie pas au préjudice du cessionnaire, il faut qu'il ait une connaissance personnelle de la cession. D'ailleurs, la signification du transport vaut saisie; c'est l'art. 560, au Titre des Saisies-Arrêts, que nous appliquerons. La signification doit être faite à personne ou à domicile, et non au parquet du procureur impérial.

Si plusieurs significations ont lieu le même jour, avec indication de l'heure, la première sera préférée.

Il est indifférent que la signification soit faite à la requête du cessionnaire ou du cédant; mais si la signification est nulle, la cession ne sera pas opposable aux tiers.

Toutes les cessions de droits ne sont pas soumises à la signification au débiteur : nous avons déjà signalé les cessions exceptionnelles des créances à ordre, au porteur et avec clause de transfert. D'après les termes des art. 1689 et 1690, les transports d'une créance, d'un droit ou d'une action sur *un tiers* sont seuls sujets à la signification; ceci nous amène à conclure qu'une cession de droits successifs n'a pas besoin d'être signifiée. C'était le système de l'ancienne jurisprudence, et le Code ne s'en est pas écarté, car il distingue la cession d'une créance individuelle de la cession d'une masse de biens; il n'applique qu'à la première la formalité de la signification.

Le transport signifié est parfait à l'égard des tiers. Les droits du cédant ont passé sur la tête du cessionnaire. La créance est transmise avec tous ses accessoires, caution, privilège et hypothèque, art. 1692 (1). Les fruits, produits

(1) Le cessionnaire est autorisé à exercer les droits à l'aide desquels le cédant eût pu, à défaut de paiement, faire valoir sa créance. Le

et arrérages échus depuis la cession appartiennent au cessionnaire. Quant aux intérêts échus avant la cession et qui sont encore dus, nous les attribuerons aussi au cessionnaire comme accessoires. Ces intérêts ne sont pas dus au vendeur comme un capital distinct, quoique les fruits civils s'acquièrent jour par jour (art 586). Ils sont une dépendance de la créance, et ne peuvent être exigés qu'en vertu des titres que le cédant est obligé de livrer au cessionnaire.

Le cédé ne peut opposer au cessionnaire des paiements postérieurs à la notification. Doit-on décider que les paiements qui ne seraient pas justifiés par une quittance ayant date certaine antérieure à la signification ou à l'acceptation ne seront pas opposables au cessionnaire? Cette solution serait trop rigoureuse. Le débiteur peut opposer les paiements faits de bonne foi; quoiqu'il n'ait reçu du cédant que des quittances sous seing privé non enregistrées, il écartera tout soupçon de fraude en les produisant immédiatement

cessionnaire d'un prix de vente peut provoquer la résolution de la vente pour défaut de paiement.

Cette action est un moyen de faire valoir la créance, elle en forme un accessoire (art. 1692); aussi est-elle comprise dans la cession sans qu'il soit nécessaire de recourir à une stipulation expresse. Mais l'action en rescision, en nullité ou en résolution, qui n'a pas ce caractère d'accessoire de la créance, qui n'est pas un moyen de la faire valoir, ne passe pas du cédant au cessionnaire. Ainsi, le cessionnaire du prix d'une vente sous clause de rachat ne pourra pas user de cette faculté si elle ne lui a pas été expressément accordée.

Nous admettons la solution de M. Zachariæ sur cette question. M. Troplong soutient l'opinion contraire.

après la signification du transport. Le cédé pourra encore opposer les quittances qui n'ont pas date certaine, quoiqu'il ne les ait pas produites immédiatement après la notification du transport. Il sera souvent dans l'impossibilité de les produire à ce moment. Les tribunaux apprécieront, selon les circonstances, la sincérité de ces quittances. Mais la contre-lettre, par laquelle le cédant déclarerait que la créance est simulée, n'aurait pas d'effet contre le cessionnaire (art. 1321).

La cession ne peut pas nuire au débiteur. Sa position à l'égard du cessionnaire est celle qu'il avait à l'égard du cédant. S'il ne l'a pas volontairement modifiée par une acceptation pure et simple, il opposera au cessionnaire la compensation survenue entre lui et le cédant antérieurement à la notification; il exigera que le cédant et le cessionnaire se réunissent pour recevoir le paiement intégral de la créance, si la cession n'est que partielle. Il ne peut pas être contraint à diviser le paiement.

Puisque le cessionnaire occupe la place et exerce les droits du cédant, si celui-ci avait un titre exécutoire, le cessionnaire n'aura pas besoin de se faire autoriser par justice à le mettre à exécution.

Le cédé, d'après les lois *per diversas et ab Anastasio*, se libérait en remboursant au cessionnaire le prix et les intérêts du prix réel de la cession à titre de vente ou de donation simulée. Ces lois ne sont pas admises dans notre Droit. Le cédé paiera au cessionnaire ce qu'il devait au cédant.

La signification du transport produit un effet très-important lorsque des créanciers du cédant ont fait une saisie antérieure à la notification. Nous savons que la cession n'est pas opposable à ces créanciers, ils sont préférés au cessionnaire; mais cette préférence sera-t-elle absolue? Non; la signification du transport équivaut à une saisie, et le cessionnaire qui ne peut se prévaloir de sa qualité pour écarter les saisissants antérieurs doit être admis à la distribution avec eux, car il est aussi créancier saisissant. La cession a produit son effet *solo consensu inter partes;* le cessionnaire est donc créancier du cédant contre lequel il a une action en garantie; il doit à ce titre concourir avec les autres créanciers saisissants, sauf les priviléges qui peuvent leur appartenir.

Mais si la notification du transport équivaut seulement à une saisie à l'égard des saisissants antérieurs, elle a une pleine efficacité à l'égard des saisissants postérieurs. Le cessionnaire va donc jouer un double rôle : simple créancier concourant avec les créanciers diligents dont l'opposition a devancé la notification de la cession; cessionnaire écartant absolument les créanciers qui n'ont fait qu'une opposition tardive.

Il ne faut pas dire, pour repousser cette solution, que les premières saisies ont mis la créance sous la main de la justice dans l'intérêt de tous ceux qui viendraient saisir avant la distribution des deniers, ce qui serait contraire au principe : *res inter alios acta aliis nec nocet, nec prodest.* Les derniers opposants ne peuvent pas prétendre participer au produit de la créance au préjudice du cessionnaire, car à partir de la signification la créance n'appartient plus à leur débiteur, et ils ne peuvent utilement saisir.

C'est une question très-délicate et très-controversée que celle du concours des créanciers saisissants antérieurs à la signification ou à l'acceptation authentique de la cession, et des créanciers saisissants postérieurs. Nous allons prendre un exemple auquel nous appliquerons les principaux systèmes imaginés pour la résoudre, et en dernier lieu celui que nous adoptons.

Nous supposons que Secundus est cessionnaire d'une créance de 3,000 fr.; Primus, créancier de 1,500 fr., a saisi-arrêté la créance entre les mains du débiteur avant la signification. Tertius, créancier de 1,500 fr., fait une saisie-arrêt postérieure à l'accomplissement de cette formalité qui rend la cession opposable aux tiers, mais antérieure au jugement de validité de la saisie pratiquée par Primus.

Dans un premier système, la créance doit se partager au marc le franc entre Primus et Secundus, qui dans leurs rapports sont cocréanciers saisissants. Primus prendra 1,000 fr., Secundus 2,000 fr.; Tertius sera absolument écarté par le cessionnaire. Comme, à partir de la signification, la chose n'appartient plus au débiteur, il ne pourra plus utilement saisir; il ne devra pas participer au produit de la créance au préjudice du premier saisissant.

Dans un second système, on raisonne de cette manière : si Primus et Secundus étaient seuls, Primus prendrait 1,000 fr.,

Secundus 2,000 fr. Mais Tertius intervient avant la distribution des deniers : Primus ne peut pas avoir un droit exclusif aux 1,000 fr. qui lui reviennent de son concours avec Secundus. Simple créancier saisissant à l'égard de Tertius, il partage avec lui au marc le franc. Nous donnerons donc 500 fr. à chacun. Alors Primus dira à Secundus : Vous ne pouvez pas m'opposer votre qualité de cessionnaire, et cependant c'est elle qui me cause indirectement un préjudice de 500 fr.; donc vous devez m'en indemniser. Ce système attribuera définitivement 1,000 fr. à Primus, 1,500 fr. à Secundus, 500 fr. à Tertius.

M. Zachariæ, en suivant cette doctrine, adopte un autre mode de calculer l'indemnité. Si Secundus, le cessionnaire, n'avait été pour Tertius comme pour Primus qu'un créancier saisissant, Primus n'aurait pas obtenu 1,000 fr. dans le partage. En effet, nous avons trois créanciers, l'un de 1,500 fr., l'autre de 3,000 fr., le troisième de 1,500 fr.; le total des créances s'élève à 6,000 fr. : la somme saisie est de 3,000; chaque créancier ne doit donc obtenir qu'un dividende de 50 % : soit 750 fr. à Primus, 1,500 fr. à Secundus, 750 fr. à Tertius. Puisque Primus n'aurait dû obtenir que 750 fr., le concours de Tertius, qui lui enlève 500 fr., ne lui cause qu'un préjudice de 250 fr., différence entre les 500 fr. que le concours de Tertius lui laisse et les 750 fr. qu'il eût dû conserver. C'est 250 fr. qu'il peut réclamer à Secundus. L'attribution définitive sera donc de 750 fr. à Primus, 1,750 fr. à Secundus, et 500 fr. à Tertius.

M. Marcadé critique le système de Zachariæ, et il en propose un autre.

Secundus, dans ses relations avec Primus, est un simple créancier saisissant; mais à l'égard de Tertius il est tout à la fois saisissant et cessionnaire. Il peut prétendre, à son choix, à l'une ou à l'autre de ces qualités. La saisie-arrêt opérée par Primus ponr 1,500 fr. n'a laissé de cessible qu'une somme de 1,500 fr. Le droit de Secundus à l'égard de Tertius, en sa qualité de cessionnaire, est donc seulement de 1,500 fr.; Primus et Tertius prendront chacun 750 fr. Dans la théorie de Marcadé, Secundus ne pourra pas toujours invoquer contre Tertius sa qualité de cessionnaire; il aura plus d'avantage à se présenter comme simple créancier saisissant. En effet, changeons les chiffres : supposons que Primus soit créancier de 3,000 fr., et Tertius d'une somme égale. Puisque la saisie de Primus est faite pour 3,000 fr., elle ne laisse rien de cessible. Secundus n'obtiendrait rien en qualité de cessionnaire; au contraire, comme créancier saisissant d'une somme de 3,000 fr., il aura droit au tiers de la créance saisie, 1,000 fr.

En un mot, si Secundus a intérêt à être traité comme saisissant, tous les saisissants et lui partagent au marc le franc la créance saisie; s'il veut être traité comme cessionnaire, ce qui lui sera très-avantageux dans le cas où la première saisie aurait eu lieu pour une faible somme, il faut donner au cessionnaire ce qui excède la somme saisie avant la signification, et partager la somme saisie entre le saisissant antérieur et le saisissant postérieur, non pas au marc le franc, mais en donnant au premier ce qu'il eût eu si Secundus avait été simple saisissant, et le surplus à Tertius, qui doit seul supporter les conséquences de la qualité de cessionnaire.

Le vice du système de M. Marcadé tient à ce qu'il admet que la première saisie-arrêt ne laisse au cessionnaire, en cette qualité, que l'excédant de la somme saisie. Ainsi, dans l'exemple que nous avons choisi, Primus, créancier de 1,500 fr., ayant pratiqué une saisie-arrêt, Secundus, cessionnaire de la créance de 3,000 fr., n'a droit à l'égard de Tertius qu'à la somme de 1,500 fr., excédant de la somme saisie qui est partagée entre Primus et Tertius, en donnant à Primus ce qu'il aurait eu si Secundus avait été simple saisissant, c'est-à-dire 750 fr. dans l'espèce, et le surplus à Tertius.

Nous ne croyons pas que cette solution doive être admise. Secundus, le cessionnaire, a un droit opposable à Tertius, qu'il écarte absolument. Pour régler le droit définitif du cessionnaire, nous ne devons donc pas nous inquiéter de la saisie tardive pratiquée par ce créancier. Nous avons un partage à opérer entre Primus et Secundus seuls, qui dans leurs relations particulières sont deux simples créanciers saisissants. Primus, créancier de 1,500 fr., Secundus, créancier de 3,000 fr., vont concourir au marc le franc sur la somme saisie de 3,000 fr. : 1,000 fr. reviennent à Primus, 2,000 fr. à Secundus. Après cette première opération, les droits du cessionnaire sont définitivement fixés. Il ne connait pas Tertius; il lui oppose le droit qu'il tient de la cession. La créance est sortie du patrimoine du débiteur; son droit à la totalité de la somme n'a pu être diminué que par le concours du saisissant antérieur auquel la cession n'était pas opposable : ce concours lui a enlevé 1,000 fr.

Mais si Tertius ne peut exercer aucun recours contre le cessionnaire, il peut dire à Primus : Je suis comme vous créancier saisissant, vous n'avez pas un droit exclusif sur la portion de la créance de notre débiteur que vous recueillez dans le partage avec Secundus. Je dois concourir avec vous comme créancier saisissant, au même titre que Secundus, dont vous ne connaissez pas la qualité de cessionnaire. Nous sommes trois créanciers; opérons le partage au marc le franc : votre part est de 750 fr., celle de Secundus de 1,500 fr., la mienne de 750 fr. La cession que notre débiteur a faite au profit de Secundus ne peut pas vous porter préjudice, c'est pour vous un fait étranger, *res inter alios acta;* mais elle ne peut pas non plus vous servir, elle vous servirait en m'écartant du concours. Vous touchez 1,000 fr. dans cette hypothèse, vous bénéficiez donc de 250 fr. à mon préjudice, et sans droit; j'en exige la restitution. Je supporterai seul la conséquence de la qualité de cessionnaire que je reconnais dans la personne de Secundus, et que vous ne devez pas y voir.

Dans ce système que nous adoptons, il faut donc pour régler les droits des parties : 1° établir exclusivement le concours entre le premier saisissant et le cessionnaire simple saisissant à son égard; 2° attribuer au deuxième saisissant, sur le dividende obtenu par le premier saisissant, la portion que celui-ci n'aurait point eue si le deuxième saisissant avait fait sa saisie-arrêt avant la signification du transport.

Si la signification et la saisie-arrêt ont lieu le même jour, sans indication de l'heure, le saisissant et le cessionnaire viendront par contribution.

L'état de faillite opère une saisie au profit de la masse des créanciers. La cession qui n'a été signifiée que postérieurement ne produira donc pas d'effet; mais le cessionnaire, en sa qualité de créancier du cédant, qui lui doit la garantie, viendra par contribution avec les autres créanciers.

Nous avons vu que la cession ne devenait opposable aux tiers que par la signification faite au cédé ou par l'acceptation authentique de celui-ci, et nous avons énuméré les effets les plus importants du défaut et du retard de la notification. Ces formalités protectrices de l'intérêt des tiers n'ont pas paru suffisantes dans le cas particulier de la cession d'une créance de loyers ou fermages non échus, lorsque cette créance est de trois années au moins. Il arrivait fréquemment qu'un propriétaire, pour obtenir un paiement par anticipation, cédait pour plus de trois années sa créance contre son locataire ou fermier. La cession était signifiée au débiteur, et le cessionnaire avait un droit opposable aux tiers, aux créanciers hypothécaires du cédant, dont le gage se trouvait ainsi diminué lorsqu'ils avaient cru prendre une hypothèque en rang utile, après avoir consulté les registres du conservateur. La position du tiers acquéreur était également mauvaise. Le cessionnaire venait lui enlever, pendant plusieurs années, les fruits de l'immeuble qu'il avait acquis, et cependant ces tiers n'avaient peut-être aucune faute à se reprocher, la connaissance de la cession ne pouvant leur venir que de la part du cédé auquel elle a été notifiée; celui-ci, complice de la fraude, a pu la tenir secrète. La loi du 23 mars 1855 devait donc, pour rassurer complètement les tiers et détruire le dernier obstacle à la sécurité des translations de droits réels, formuler une disposition relative à cette cession d'une créance qui touche de si près à l'intérêt de la propriété. C'est ce qu'elle a fait dans son art. 2, § 5.

La signification au débiteur cédé ne suffit plus pour rendre le cessionnaire propriétaire *erga omnes* de la créance d'une somme équivalente à trois années de loyers ou fermages non échus. L'acte qui constate cette cession doit être transcrit. La formalité de la transcription rendra seule la cession opposable aux tiers. Mais quels sont ces tiers (art. 3 de la loi du 23 mars)? Ce sont ceux qui ont des droits sur l'immeuble, et qui les ont conservés en se conformant aux lois. Ainsi, ces tiers ne sont pas ceux de l'art. 1690.

Le fermier, débiteur cédé, n'est pas un tiers intéressé. L'art. 3 ne s'applique pas à lui; la signification rend la cession parfaite à son égard. Le deuxième cessionnaire, qui est tiers d'après le sens de l'art. 1690, est-il tiers d'après la loi du 23 mars? Non; il n'a qu'un droit personnel, il n'a pas un droit sur l'immeuble. Les tiers ayant des droits sur l'immeuble, à l'égard desquels la cession ne sera parfaite que par la transcription de l'acte qui la constate, sont : 1° le tiers acquéreur d'un droit réel, 2° les créanciers hypothécaires du cédant. Ce sont ceux qui ont des droits sur l'immeuble. Il faut qu'ils les aient conservés en se conformant aux lois, c'est-à-dire par la transcription du contrat d'acquisition, ou par l'inscription de l'hypothèque, antérieurement à la transcription de l'acte de cession.

La signification de la cession au débiteur cédé, ou son acceptation authentique, et de plus, s'il s'agit de la cession spéciale qui vient de nous occuper, la transcription de l'acte qui la constate, ont rendu le transport parfait, opposable aux tiers. L'art. 1692 nous indique un des effets les plus importants de ce transport. Les accessoires de la créance, tels que caution, privilége et hypothèque, passent de plein droit et tacitement au cessionnaire. Il se fait avec la cession principale une cession accessoire.

Primus, vendeur, a une créance de 20,000 fr, privilégiée; il la cède à Secundus. Le cessionnaire a le droit d'user du privilége, quoique dans le contrat intervenu entre lui et le cédant il n'ait pas été exprimé que la créance était privilégiée sur la chose vendue. Nous avons à nous demander quelles sont les formalités que le cessionnaire doit remplir pour conserver ses priviléges ou hypothèques.

La créance du cédant est acquise au cessionnaire avec

toutes ses prérogatives, inscrite si elle l'était, ou dispensée d'inscription si elle jouissait de cette faveur. Quand il s'agit d'un privilége sur les meubles, le cessionnaire n'a pas besoin de recourir à une inscription pour conserver le droit qu'il tient du cédant, son titre l'investit pleinement de la créance et de ses accessoires. La signification ou l'acceptation authentique du transport lui permet de se présenter à la distribution avec le rang de préférence qui lui est dû.

La publicité de la cession résulte de l'accomplissement des formalités exigées par l'art. 1690. Les tiers qui ont intérêt à connaître la cession doivent s'adresser au débiteur; ils sauront ainsi s'il est resté débiteur du créancier originaire. Le cessionnaire n'est pas tenu de prendre une inscription en son nom, ni de faire mentionner la cession en marge de l'inscription prise au nom du cédant.

Supposons que le cédant soit resté inscrit sur les registres du conservateur et qu'il donne main-levée de l'inscription, le cessionnaire pourra s'opposer à la radiation, s'il intervient avant qu'elle ait été opérée; si son opposition est tardive, il sera réduit à prendre une nouvelle inscription. Cette inscription aura la même date que celle qui a été frauduleusement radiée à l'égard des créanciers qui étaient inscrits antérieurement à la radiation. En effet, si la fraude du cédant ne doit leur causer aucun préjudice, elle ne doit pas leur profiter aux dépens du cessionnaire. En maintenant la nouvelle inscription à la date de l'ancienne, rien n'est changé dans leur position : ils avaient compté sur le rang de préférence qui appartenait à l'hypothèque qu'ils ont connue par sa première inscription; mais à l'égard des créanciers qui se sont inscrits dans l'intervalle de la radiation à la prise de la nouvelle inscription, le cessionnaire ne peut pas prétendre une préférence; son inscription ne produira d'effet qu'à compter de sa date réelle. Nous voyons que le cessionnaire évitera un danger en prenant une inscription en son nom.

Si le cédant n'avait pas pris inscription, ou si son inscription était sur le point d'être périmée, le cessionnaire pourrait prendre ou renouveler l'inscription en son nom, et dans ce cas il devrait faire mentionner la cession en marge de l'inscription; s'il le préfère, il prendra ou renouvellera l'inscription au nom du cédant, mais alors il consent à courir le risque d'une radiation frauduleuse.

Si la cession a eu lieu par acte sous seing privé, le cessionnaire pourra-t-il prendre ou renouveler l'inscription en son nom? M. Troplong l'admet. Cette solution est controversée pour le renouvellement de l'inscription. Le conservateur des hypothèques serait en droit de refuser de renouveler l'inscription, en vertu d'un acte de cession sous seing privé. En effet, le débiteur pourrait ainsi obtenir assez facilement, au moyen d'un faux acte de cession, une radiation que son créancier lui refuse. Le prétendu cessionnaire donnerait main-levée de l'inscription renouvelée en son nom au débiteur, qui la ferait radier. Le créancier pourrait, il est vrai, la faire rétablir, mais son inscription ne serait pas opposable aux créanciers inscrits depuis la radiation. La loi, dans l'art. 2152, exige, pour que le cessionnaire puisse changer le domicile élu dans l'inscription par le cédant, qu'il soit porteur d'un acte authentique de cession; s'il ne peut qu'à cette condition changer le domicile élu, à plus forte raison ne peut-il pas changer le nom du créancier inscrit, s'il n'est porteur que d'un acte de cession sous signature privée.

Nous admettons avec M. Troplong que le cessionnaire par acte sous seing privé peut prendre l'inscription en son nom. Le même danger n'existe plus pour le créancier. En effet, le cessionnaire devra présenter au conservateur des hypothèques l'original en brevet, ou une expédition authentique du jugement ou de l'acte qui donne naissance au privilége ou à l'hypothèque (art. 2148). Il serait bien difficile à un tiers malveillant de se procurer ces titres. En supposant même que le prétendu cessionnaire en possession de ces titres parvienne à prendre inscription en son nom, le créancier ne peut pas en éprouver de préjudice; si le prétendu cessionnaire donne main-levée au débiteur, si le tiers acquéreur ne lui fait pas les notifications prescrites par l'art. 2183, le créancier reste dans la position qu'il s'est faite en ne requérant pas l'inscription de son hypothèque.

L'inscription peut être prise par le cessionnaire en son nom, avant la notification ou l'acceptation authentique, parce que la prise d'inscription n'est qu'une mesure conservatoire.

Si plusieurs cessions partielles d'une même créance ont

eu lieu successivement, les dates des titres n'auront aucune influence sur le rang des cessionnaires; ils concourront. Si le cédant reste créancier pour partie, il ne pourra pas prétendre à une préférence sur les différents cessionnaires.

Nous avons vu qu'après l'accomplissement des formalités exigées par l'art. 1690, la cession est opposable : 1° au cédé, 2° aux créanciers du cédant, 3° aux cessionnaires postérieurs, 4° aux créanciers à qui la créance cédée a été donnée en gage. La cession leur est opposable, quoique le cessionnaire n'ait pas pris inscription en son nom, quoiqu'il n'ait pas été fait mention de la cession en marge de l'inscription. C'est au débiteur cédé, et non pas au conservateur des hypothèques, que ces tiers doivent s'adresser pour connaître la cession. La même règle est-elle applicable aux tiers détenteurs? Si les notifications prescrites à fin de purge, par l'art. 2183, sont faites par le tiers détenteur au créancier cédant, dont le nom est resté inscrit, et au domicile par lui élu, ces notifications seront-elles valables? Oui, car la loi les valide.

Le cessionnaire, en consentant à laisser le nom et le domicile du cédant dans l'inscription, lui donne tacitement mandat de recevoir les notifications prescrites en matière de purge.

Si le tiers détenteur présente au conservateur des hypothèques un acte authentique portant consentement à la radiation, signé du créancier originaire (art. 2158), et s'il requiert la radiation de l'inscription, le conservateur est tenu de la radier. Il ne doit point, en effet, s'adresser au cédé pour vérifier sa qualité de débiteur du créancier dont le nom est inscrit.

Le cessionnaire qui aurait connaissance de cette fraude pourrait s'opposer à la radiation; mais si la radiation a eu lieu, il aura seulement la ressource de requérir une inscription nouvelle. A l'égard des créanciers inscrits avant la radiation et à l'égard du tiers détenteur, cette inscription vaudra à la date de l'ancienne.

En admettant ces deux solutions, nous maintenons cependant en principe que l'accomplissement des formalités exigées par l'art 1690 suffit pour saisir le cessionnaire à l'égard du tiers détenteur. La cession, rendue publique par la signification au cédé, ou par son acceptation authentique, est réputée connue de tous. Le débiteur, instruit de la cession dans les formes légales, est chargé de la faire connaître aux tiers qui le consultent. Les actes émanant du créancier cédant, son consentement à la radiation, sa renonciation à l'hypothèque, le paiement qu'il recevrait, sont nuls à l'égard du cessionnaire. Le tiers détenteur qui a traité avec le cédant doit au moins s'imputer une négligence; s'il s'était adressé au débiteur, il aurait eu connaissance de la cession, ou si le cédé de mauvaise foi lui avait donné de faux renseignements, il aurait eu un recours contre lui. Le cédé commet une faute en manquant à la mission que la loi lui confie, il en est responsable. Dans tous les cas, le cessionnaire qui a régulièrement notifié ne doit souffrir ni de la négligence du tiers détenteur ni de la faute du cédé.

La loi du 23 mars 1855 (art. 9), en soumettant à une nouvelle condition de publicité la validité, à l'égard des tiers, de la cession de l'hypothèque légale de la femme, a modifié, pour ce cas spécial, les principes que nous venons d'exposer. Cette cession doit être faite par acte authentique; les cessionnaires ne seront saisis à l'égard des tiers (qui ont des droits sur les immeubles soumis à l'hypothèque, et qui les ont conservés en se conformant aux lois, art. 3, loi du 23 mars), que par l'inscription de cette hypothèque prise à leur profit, ou par la mention de la cession en marge de l'inscription préexistante.

Les dates des inscriptions ou mentions déterminent l'ordre dans lequel les cessionnaires exercent les droits hypothécaires de la femme.

CHAPITRE III.

DES CESSIONS EXCEPTIONNELLES.

SECTION PREMIÈRE.

DE LA CESSION DES CRÉANCES A ORDRE.

---

§ 1er. — *Généralités.*

Nous avons vu que l'origine de la clause à l'ordre et de l'endossement était moderne. Le désir de favoriser les opérations commerciales, en les affranchissant des formalités et des lenteurs qui accompagnent les cessions ordinaires, explique cette dérogation au droit commun.

Le change est né des besoins du commerce. Les débiteurs cherchèrent naturellement à acquérir des créances payables dans les lieux où ils avaient eux-mêmes des paiements à faire; ils évitaient ainsi des envois de fonds toujours accompagnés de frais et de risques.

Primus, qui habite Rennes, est débiteur d'une créance de 1,000 fr., payable à Paris; il va trouver Secundus, qui promet de lui faire toucher cette somme à Paris. Secundus peut satisfaire à sa promesse de deux manières : 1° en s'obligeant à effectuer lui-même le paiement dans le lieu désigné : cet engagement direct est constaté par un écrit, qui prend le nom de *billet;* 2° en s'obligeant à faire trouver la somme à Paris par l'entremise d'un tiers, auquel il mande de la payer à la personne qu'il lui indique : l'écrit qui constate ce contrat s'appelle *lettre de change.*

Si les personnes au profit desquelles ces titres sont souscrits étaient obligées, pour transmettre leurs droits, de recourir aux formes du droit civil, à la notification de la cession, l'utilité de ces titres serait bien diminuée, et les négociations éprouveraient des retards très-préjudiciables. On évite ces inconvénients au moyen de la clause à l'ordre.

Le débiteur qui constitue la créance à ordre promet de payer soit au créancier dénommé, soit sur son ordre, à un cessionnaire par voie d'endossement. L'endossement consiste dans la simple déclaration faite par le créancier qu'il cède ses droits à telle personne. Cette déclaration est ordinairement écrite au dos du titre; c'est cet usage qui a fait donner le nom d'*endossement* à ce mode de cession.

L'endossement est essentiellement un acte sous signature privée; il n'a de valeur que s'il est signé de son auteur ou de son fondé de pouvoirs.

On distingue l'endossement régulier et l'endossement irrégulier.

L'endossement régulier a pour objet de transmettre la propriété de la créance; il est soumis à des règles déterminées par la loi, et dont l'application rigoureuse est d'autant plus nécessaire qu'il est affranchi des règles du droit commun. L'endossement irrégulier n'est assujetti à aucune forme spéciale; il ne constitue pas un mode de cession. Il a les effets d'une procuration. Nous n'avons à nous occuper que de l'endossement considéré comme mode de cession (art. 136, C. Com.).

§ 2. — *Formes de l'endossement.*

L'endossement ne peut avoir lieu par acte séparé, il doit être écrit sur la lettre même; c'est une condition essentielle que la loi suppose en se servant du mot *endossement.*

Il doit être daté (art. 137, C. Com.). La date exprime ordinairement le lieu, et nécessairement le jour, le mois et l'année où l'endossemement a été consenti. L'art. 139, C. de Com., défend d'antidater les ordres à peine de faux (art. 147, C. P.). Cette disposition a pour objet d'empêcher les fraudes au préjudice des créanciers du failli. L'énonciation de la date permet de reconnaître si l'endossement a été fait depuis la faillite de l'endosseur. Aucun moyen ne peut couvrir le vice provenant du défaut de date; d'ailleurs, la date est présumée vraie jusqu'à la preuve de sa fausseté.

L'endossement doit encore exprimer la nature de la valeur fournie par le cessionnaire, si la cession a lieu à titre onéreux; mais elle peut avoir lieu à titre gratuit, lorsqu'on s'en est clairement expliqué. Cette formalité appelle l'attention du cédant sur l'accomplissement de l'obligation du cessionnaire, qui consiste à donner la valeur (art. 137, C. Com.).

L'endossement contient encore l'énonciation du nom de celui au profit duquel il est fait, et la déclaration qu'il est à son ordre (art. 137).

Enfin, l'endossement doit être signé par le cédant.

Les formalités de ce mode de transport se réduisent donc à l'apposition au dos de la lettre de cette brève formule : Payez à l'ordre de Secundus, valeur reçue comptant (ou de toute autre manière). Rennes, le 1er janvier 1856. Signé : Primus.

Dans l'absence de la signature du cédant, il n'y a qu'un simple projet, l'acte d'endossement n'existe pas.

Les énonciations exigées par l'art. 137 nous prouvent qu'une simple signature du cédant ne suffit pas pour transférer la propriété d'une créance à ordre ; mais il n'est pas nécessaire que ces énonciations soient écrites de la main de l'endosseur, elles peuvent l'être par une autre personne, même par le cessionnaire. La signature du cédant rendra parfait l'acte d'endossement, sans avoir besoin d'être accompagnée d'une approbation de la main de l'endosseur. L'article 1326 (C. Nap.) dispense les commerçants de l'accomplissement de cette formalité.

Puisque les énonciations exigées par l'art. 137 peuvent être écrites de la main même du cessionnaire, il peut remplir un endossement en blanc ; mais il ne pourrait pas corriger un endossement auquel manquerait la date ou la mention de valeur. Dans ce cas, en effet, rien ne prouve que l'auteur de l'endossement irrégulier ait voulu céder la créance à celui au profit duquel l'acte est souscrit. L'endossement irrégulier vaudra comme simple procuration (art. 138, C. Com.).

§ 3. — *Effets de l'endossement.*

Nous considérerons d'abord les effets de l'endossement entre le cédant et le cessionnaire. Il donne naissance aux obligations attachées aux cessions des créances ordinaires. Le cédant accomplit son obligation de délivrer par la remise du titre de sa créance, sur lequel il a apposé son endossement (art. 1607 et 1689).

Quant à l'obligation de garantie, elle s'entend non-seulement de l'existence de la créance, comme dans les cessions de droit commun (art. 1693, C. Civ.), mais encore l'endosseur répond de plein droit de l'insolvabilité actuelle et future du cédé (art. 187, 140, C. Com.). S'il y a plusieurs ventes successives, tous les endosseurs sont tenus à la garantie solidaire envers le porteur (art. 140, 187, C. Com.) (1).

Cette obligation de garantie entraine comme conséquence plusieurs règles particulières : 1° si la lettre de change est

(1) La garantie due par l'endosseur n'est pas limitée au remboursement du prix qu'il a reçu du cessionnaire. Il promet encore que la lettre sera payée au jour et au lieu indiqués; si ce paiement n'est pas fait, il est soumis en général aux obligations que le contrat de change impose au tireur, sauf certaines modifications.

tirée à vue ou à délai de vue, si le souscripteur du billet à ordre a promis de payer à vue ou à délai de vue (art. 187, 129 et suiv.), le porteur de la lettre de change doit en exiger le paiement ou l'acceptation. Le porteur d'un billet à ordre doit exiger le paiement, ou faire viser le billet par le souscripteur dans les six mois de la date, et quelquefois dans des délais plus longs, sous peine de perdre tout recours contre les endosseurs (art. 187, 160, C. Com.). Il était important d'éviter que les endosseurs ne restassent trop longtemps sous le coup de l'action en garantie.

2° Le porteur d'une lettre de change ou d'un billet à ordre doit en exiger le paiement le jour de son échéance (art. 187, 161, C. Com.). Le refus de payer sera constaté le lendemain du jour de l'échéance par un acte que l'on nomme protêt faute de paiement (art. 187, 162, C. Com.). Le législateur exige que le protêt soit fait dans un si court délai, afin d'éviter que le porteur ne se prête à une fraude au préjudice des endosseurs, en restituant la somme payée au souscripteur du billet tombé en mauvaises affaires depuis le paiement.

3° Afin d'assurer le paiement du billet et d'éviter les frais qui retombent à la charge des endosseurs, le bénéfice de la subrogation légale est accordé au tiers qui paie par intervention pour le tiré ou le souscripteur (art. 187, 158, 159).

Le Code de Commerce, dans les art. 165 et suiv., détermine les délais dans lesquels le porteur peut exercer son action en garantie. Après leur expiration, le porteur est déchu de tous droits contre les endosseurs. Ces dispositions protégent efficacement les cédants ; ils se trouvent à l'abri d'un recours tardif en garantie qui pourrait leur être très-préjudiciable, si pendant ce laps de temps leurs propres garants étaient devenus insolvables.

Enfin, l'art. 189, en fixant à cinq ans le temps requis pour prescrire toutes les actions relatives aux lettres de change ou billets à ordre ayant une cause commerciale, atténue les effets de l'obligation rigoureuse de garantie qui découle de l'endossement.

Quoique le cédant d'une créance à ordre en général garantisse de plein droit la solvabilité actuelle et future du cédé, il n'y a pas corrélation nécessaire entre cette garantie exceptionnelle et l'idée de créance à ordre. L'art. 13 du décret du 28 février 1852, sur les Sociétés de crédit foncier, autorise ces Sociétés à émettre des lettres de gage nominatives, transmissibles par voie d'endossement, sans autre garantie que celle qui résulte de l'art. 1693 du Code Napoléon. Le Code de Commerce aurait peut-être dû distinguer entre les billets à ordre ceux qui ont une cause commerciale et ceux qui ont une cause civile ; à l'égard de ceux-ci, on ne s'explique pas la responsabilité de plein droit du cédant.

Si nous considérons les effets de l'endossement entre le porteur cessionnaire et les tiers, nous voyons qu'il constitue un transport de créance qui fait passer sur la tête de celui au profit duquel l'endossement est souscrit tous les droits que le cédant avait contre le débiteur principal et contre les garants. Ce transport est parfait à compter de la date de l'endossement. Il n'est pas nécessaire d'accomplir la formalité de la signification ou de l'acceptation authentique. Le cessionnaire n'a pas à craindre qu'on lui oppose une exception qui ne lui soit pas personnelle, si cette exception n'est pas écrite dans la lettre ou dans l'endossement. En effet, le débiteur d'une créance à ordre s'étant obligé à payer au porteur, quel qu'il soit, a renoncé par cela même à lui opposer les exceptions nées dans la personne du cédant. C'est une différence essentielle entre la cession des créances à ordre et la cession des créances à personne dénommée, qui tient à leurs différents modes de constitution.

Le porteur, propriétaire de la créance et de tous les droits qui en résultent, peut à son tour, par un endossement, faire passer les mêmes droits à son cessionnaire, et dans cette nouvelle vente il joue le rôle de cédant. Ce n'est pas seulement à l'égard de son cessionnaire direct que le cédant contracte l'obligation de garantie, il est également obligé envers ceux qui postérieurement deviendront porteurs de la lettre. Chaque endosseur garantit ceux qui le suivent, et il est garanti par ceux qui le précèdent.

L'endosseur peut, en vertu du principe de la liberté des conventions, atténuer cette obligation rigoureuse, et déclarer qu'il ne se soumet qu'à l'obligation civile de garantie; il peut exclure par une clause expresse la contrainte par corps, qui est la conséquence des poursuites en garantie de paiement; il a également la faculté de modifier les obligations ou les droits du porteur à son égard (art. 160 à 172 et 187). Ces clauses sont insérées dans l'acte même d'endossement ou dans un acte séparé. Au premier cas elles obligent le porteur; au second, leur effet se produit seulement entre les parties, dans les relations du preneur par endossement et du cédant.

Si l'endosseur ne s'est pas dessaisi de la lettre de change, il peut rayer son endossement. Celui au profit duquel il passerait ensuite un nouvel endossement serait le véritable propriétaire de la lettre; mais lorsque le titre est sorti des mains de l'endosseur, l'endossement ne peut plus être annulé au préjudice du porteur. On admet cependant, dans l'usage, que l'endosseur a le droit de biffer son endossement lorsqu'il acquitte la lettre de change par suite du recours en garantie exercé contre lui, et qu'il se fait ensuite rembourser par son propre garant.

Il est possible qu'un endossement régulier ne produise pas tous les effets que nous venons d'indiquer. Si telle n'est pas l'intention des parties, si, par exemple, la valeur est causée valeur en compte, l'endossement n'établit dans ce cas entre l'endosseur et le preneur que les rapports d'une comptabilité réciproque. Mais, quelles que soient les modifications introduites dans les relations des parties, l'endossement conserve ses caractères à l'égard des tiers intéressés; ils peuvent agir contre l'endosseur sans s'inquiéter de sa situation particulière envers celui au profit duquel il a endossé la lettre de change.

Jusqu'à l'échéance, une lettre de change peut être cédée par la voie de l'endossement : peut-elle encore être endossée après l'échéance, et quels sont les effets de cet endossement? Le transport sera valable entre le cédant et le cessionnaire, comme un transport ordinaire, mais il n'assujettira pas le cessionnaire à l'accomplissement des formalités nécessaires pour constater le paiement. C'est évident, puisque l'observation des délais légaux n'est plus possible. Le cédant sera tenu de la garantie de la solvabilité actuelle et future du débiteur.

Quant aux effets de cet endossement à l'égard des tiers, le sort de tous ceux qui ont concouru aux négociations a été fixé au moment de l'échéance; dès lors la lettre de change est entrée irrévocablement dans l'actif de celui qui s'en trouvait propriétaire à cette époque.

§ 1. — *Énumération de quelques créances à ordre.*

Dans les usages commerciaux, il y a certaines créances que le débiteur contracte toujours ou presque toujours à ordre. Nous avons déjà parlé des deux principales de ces créances : la lettre de change et le billet à ordre.

Le billet à ordre est l'engagement par lequel une personne s'oblige à payer une somme déterminée au créancier dénommé, ou à quiconque en sera devenu cessionnaire par endossement. Ce billet est soumis à des formes fixées par la loi (art. 188, C. Com.).

La lettre de change est un billet à ordre d'une espèce particulière, créé pour faciliter l'exécution du contrat de change.

Le billet à domicile est celui par lequel le souscripteur s'oblige à payer au bénéficiaire ou à son ordre dans un autre lieu que celui où le billet est créé. C'est une lettre de change sans tiré.

Le billet de change est celui par lequel le souscripteur s'oblige à fournir au bénéficiaire ou à son ordre des lettres de change.

Le billet appelé *mandat* diffère de la lettre de change, dont il a la forme extérieure, en ce que le tireur donne simplement au preneur le mandat de toucher la somme d'argent du tiré, sans qu'une opération de change soit intervenue entre les parties.

La lettre de gage. On donne ce nom aux valeurs émises par les Sociétés de Crédit Foncier, qui sont transmissibles par voie d'endossement (D. du 28 février 1852, art. 13).

Le connaissement. C'est le billet que remet le capitaine lorsqu'un expéditeur charge des marchandises sur son navire. Il peut être créé à ordre (art. 281, C. Com.).

Les warrants ou certificats de dépôts délivrés par les entrepositaires de marchandises sont dans le même cas (D. du 17 sept. 1852, art. 3).

L'acte de prêt à la grosse. Il peut être à ordre et négociable par la voie d'endossement (art. 313, C. Com)

SECTION II.

DE LA CESSION DES CRÉANCES AU PORTEUR.

Une créance est au porteur lorsque le débiteur l'a constituée, en promettant de payer entre les mains de la personne qui sera en possession du titre à l'échéance.

Ces créances ne sont pas susceptibles d'être cédées par la voie de l'endossement, puisqu'elles sont transmissibles par la simple tradition manuelle. Si une signature se trouvait apposée au dos du titre, ou près de celle du souscripteur, il faudrait en conclure que l'auteur de cette signature a voulu se rendre garant du paiement, comme un donneur d'aval.

La cession d'une créance au porteur peut avoir lieu à titre de donation, d'échange, de vente, de dation en paiement; les parties ne dressent ordinairement aucun acte qui constate le contrat qu'elles ont formé. Le cédant accomplit son obligation de délivrer par la tradition du titre. Il est tenu de la garantie de droit; il répond de l'existence de la créance, mais le risque de l'insolvabilité du débiteur est pour le cessionnaire.

Quant aux effets de la cession de ces créances à l'égard des tiers, ils diffèrent complètement de ceux de la cession ordinaire. La nature du droit de créance est tellement modifiée par ce mode de constitution, qu'il y a en quelque sorte confusion entre le droit lui-même et l'écrit qui le prouve. Le meuble incorporel a cessé de l'être, et nous devons appliquer ici les règles établies par le législateur pour la translation à l'égard des tiers de la propriété des meubles corporels.

La propriété est transférée au cessionnaire par le seul effet du contrat (art. 711, 1138, C. Nap.); mais jusqu'au moment où la tradition sera effectuée, le cessionnaire n'aura qu'un droit bien peu stable, à cause du principe qu'en fait de meubles corporels et individuels la possession de bonne foi vaut titre (art. 2279, 1141, C. Nap.).

Nous allons énumérer quelques créances au porteur, avec l'indication des lois spéciales qui décident, en diverses matières, que le débiteur peut contracter de cette manière.

Les actions des sociétés en commandite ou anonymes peuvent être établies sous la forme d'un titre au porteur (art. 35, C. Com.).

Les connaissements peuvent être au porteur (art. 281, C. Com.).

Les billets de la Banque de France sont au porteur (D. du 16 janvier 1808).

Les lettres de gage (D. du 28 février 1852, art. 13).

SECTION III.

DE LA CESSION DES CRÉANCES AVEC CLAUSE DE TRANSFERT.

Lorsque le débiteur stipule que le créancier ne pourra transférer la créance à un cessionnaire que par une déclaration qu'il signera sur les registres du débiteur, la créance est constituée avec clause de transfert; un nouveau mode de cession est substitué au mode de droit commun : nous concevons que cette clause, qui donne naissance à un droit exceptionnel, ne soit permise que dans les cas où la loi l'autorise.

Les effets de cette cession entre les parties ne diffèrent pas des effets de la cession des créances ordinaires. Le plus souvent, la convention du cédant et du cessionnaire n'est constatée par aucun acte. Celui qui aliène sa créance, assisté d'un agent de change qui atteste son individualité, signe la déclaration du transfert sur le registre du débiteur, et un nouveau titre est remis au cessionnaire; quelquefois le débiteur, au lieu de donner un nouveau titre, constate le transfert par une mention faite au dos de l'ancien.

A l'égard des tiers, il n'est plus nécessaire de recourir à la signification ou à l'acceptation authentique du transport (art. 1690). La déclaration du transfert, signée du créancier ou de son fondé de pouvoirs, rend la cession parfaite, *erga omnes*.

Il ne nous reste plus qu'à énumérer les principales créances qui peuvent être constituées avec clause de transfert.

Ce sont : les actions des sociétés en commandites ou anonymes. « La propriété de ces actions peut être établie par une incription sur les registres de la Société. Dans ce cas, la cession s'opère par une déclaration de transfert inscrite sur les registres, et signée de celui qui fait le transport, ou d'un fondé de pouvoirs (art. 36, C. Com.). » Conformément à cette disposition, la plupart des actions de nos grandes Sociétés de commerce ont été constituées avec clause de transfert. L'art. 4 du décret du 16 janvier 1808 dispose que les actions de la Banque de France seront transmissibles de cette manière. Elles sont valablement transférées par la déclaration du propriétaire ou de son fondé de pouvoirs, signée sur les registres et certifiée par un agent de change, s'il n'y a opposition signifiée et visée à la Banque.

La forme des transferts des inscriptions de la dette publique est réglée par la loi du 28 floréal an VII et par le décret du 13 thermidor an XIII. La déclaration de transfert signée par le cédant sur les registres du trésor saisit l'acquéreur de la propriété et jouissance de l'inscription transférée. Toute opposion postérieure à cette déclaration sera regardée comme non avenue.

La déclaration et le dépôt de l'ancien extrait d'inscription sont constatés par autant de bulletins qu'il y a de cessionnaires désignés dans l'acte de transfert, et lorsque l'acquéreur vient retirer le nouvel extrait d'inscription, il donne décharge au dos du bulletin.

PROPOSITIONS.

Droit Romain.

I. — Les lois *per diversas et ab Anastasio* (Lois 22 et 23, Cod., l. IV, 35) s'appliquent à toutes les cessions de créances faites à titre de vente ou de donation simulée. Elles ne s'appliquent pas aux créances litigieuses.

II. — La règle établie par la loi 4, § 27 (D. XLIV, 4), pour les droits réels, ne doit pas être étendue au transport des droits personnels. L'*exceptio doli ex personâ cedentis* peut être opposée au cessionnaire d'une créance, quoique la cession ait lieu à titre onéreux.

III. — L'opinion d'Ulpien dans la loi 33 princ. (D. XLI, 1) doit être préférée à celle de Papinien dans la loi 14, § 1 (D. XLIX, 17).

IV. — Par la tradition faite au mandataire, la propriété passait immmédiatement sur la tête du mandant à deux conditions : 1° que le *tradens* eût l'intention de rendre le mandant propriétaire (L. 13, D. XLI, 1); 2° que l'intention du mandataire s'accordât avec celle du *tradens* (L. 37, § 6, D. XLI, 1). Cette seconde condition n'est pas admise par Ulpien (L. 13, *De donat.*, D. XXXIX. 5).

Droit Français.

I. — Le cessionnaire qui n'a pas notifié le transport ne peut pas surenchérir d'un dixième.

II. — Si un billet à ordre se réfère à une créance munie d'hypothèque, valablement constituée ou garantie par un privilége, le bénéfice du privilége ou de l'hypothèque se transmettra par voie d'endossement.

III. — Lorsqu'une signification de cession se place entre deux saisies pour régler les droits des créanciers saisissants et du cessionnaire, il faut : 1° établir le concours au marc le franc entre le premier saisissant et le cessionnaire ; 2° attribuer au deuxième saisissant la différence entre le dividende déjà obtenu par Primus et le dividende qui doit revenir définitivement à celui-ci, en faisant concourir avec lui Secundus le cessionnaire et Tertius, considérés comme créanciers saisissants.

IV. — Si la cession est faite et notifiée entre deux saisies, Secundus le cessionnaire prend définitivement l'excédant de la somme saisie par Primus. On donne à Tertius la différence entre la somme saisie par Primus et le dividende qui revient à celui-ci dans un concours avec Tertius seul.

V. — La tradition n'est pas nécessaire pour transférer la propriété des choses mobilières à l'égard des tiers.

Droit Commercial.

I. — Le porteur d'un endossement irrégulier peut consentir un endossement régulier et translatif de propriété au profit d'un tiers.

II. — Cet endossement régulier le rend garant du paiement de la lettre.

III. — L'endosseur irrégulier n'est pas obligé vis-à-vis du porteur.

Droit Administratif.

I. — Les cultes nouveaux ont besoin de l'autorisation du gouvernement.

II. — Comment se concilie le droit de surveillance de l'épiscopat sur les publications religieuses et sur les livres d'églises imprimés dans les diocèses, avec le droit public qui garantit la liberté de la presse en général?

Droit Criminel.

L'aggravation de la peine contre l'auteur principal par suite d'une circonstance à lui personnelle ne doit pas être appliquée au complice.

LÉON-FÉLIX PHILOUZE.

Rennes, le 29 janvier 1857.

Vu pour l'impression,

Le Doyen, H. RICHELOT.

Vu et permis d'imprimer, le Recteur,

A. MOURIER.

TABLE.

De la Cession des Créances.

PREMIÈRE PARTIE.

DE LA CESSION EN DROIT ROMAIN.

CHAPITRE Ier.

CHAPITRE II.

CHAPITRE III.

DEUXIÈME PARTIE.

DE LA CESSION EN DROIT FRANÇAIS.

CHAPITRE Ier.

DE LA CESSION EN GÉNÉRAL.

CHAPITRE II.

DE LA CESSION DE DROIT COMMUN.

CHAPITRE III.

DES CESSIONS EXCEPTIONNELLES.

RENNES. — IMP. DE CH. CATEL ET Cie, RUE DU CHAMP-JACQUET, 25

www.ingramcontent.com/pod-product-compliance
Ingram Content Group UK Ltd.
Pitfield, Milton Keynes, MK11 3LW, UK
UKHW031927260826
14628UKWH00003B/1470

9 782016 130278